シリーズ「遺跡を学ぶ」150

元軍船の発見

鷹島海底遺跡

中田敦之・池田榮史

新泉社

元軍船の発見
—鷹島海底遺跡—

中田敦之・池田榮史

【目次】

装幀　新谷雅宣
本文図版　松澤利絵

第1章　蒙古襲来とは

1　モンゴルの台頭

蒙古《もうこ》襲来とは鎌倉時代の一二七四年（文永《ぶんえい》一一）と一二八一年（弘安《こうあん》四）の二度にわたって蒙古（元）が日本に侵攻してきた出来事である。小中学校や高校の歴史教科書では「モンゴル襲来」や「元寇《げんこう》」「元の襲来」として学習する歴史上重要な事項となっている。当時の日本側の文献史料には「蒙古合戦」「文永十一年蒙古合戦」「弘安四年蒙古合戦」「蒙古人合戦」「蒙古襲来」「蒙古人襲来」などと記されている。現在、広くみられる「元寇」の呼び名は当時なく、これは近世になってつくられた用語である。

一三世紀はじめ、チンギス・ハンは、モンゴル系、トルコ系の人びとを統一してモンゴル帝国を築き、強力な騎馬軍団を武器にユーラシア大陸の各地に勢力を拡大した。その最盛期の領土はヨーロッパ東部から東アジアにおよび、世界史上かつてない規模を誇った（図1）。

一二三一年以降、モンゴル軍は朝鮮半島の高《コ》麗《リョ》国にくり返し侵攻した。高麗は首都を開京《ケギョン》（現・北朝鮮開城《ケソン》）から江華島《カンファド》に移して抵抗したが、執拗な攻撃を受けて一二五九年に降伏し、服属国となった。

一二六〇年にモンゴル帝国の皇帝になったフビライ・ハン（**図2**）は中国宋《そう》王朝の国土の北半分を押さえて、首都をカラコルムから大都《だいと》（現・北京）に移し、一二七一年には国の呼び名である国号を中国風の「大元」にあらためた。そして、中国の南半分を支配していた南宋と東の海上に浮かぶ日本の征服を視野に入れて動きはじめる。

一二六七年末、フビライの国書と高麗王の書簡を携えた高麗国使者が日本の対馬《つしま》にやってきた。国書の内容は日本と友好関係を結んで交流したいという意思を伝えたものであったが、最後に武力を用いることは望まないとも書かれて

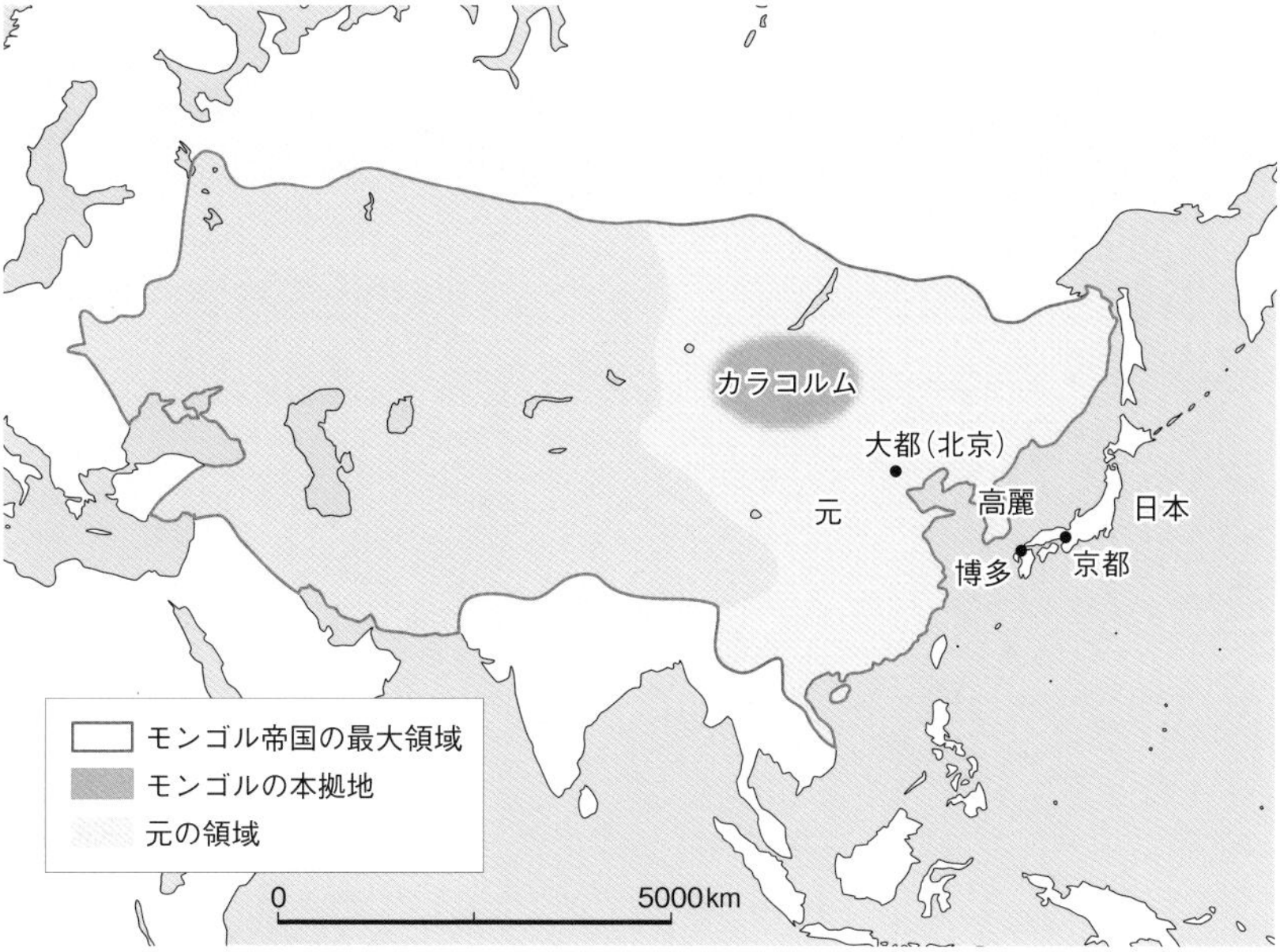

図１ ● モンゴル帝国の広がり
モンゴル帝国の最大版図は、現在のアジア地域から東ヨーロッパまでおよんだ。

いた。北条時宗《ときむね》が執権であった鎌倉幕府はこの国書の内容に警戒感をいだき、防衛体制を整えることとなる。

なお、一二五九年にモンゴル帝国の服属国となった高麗では、王都の防衛軍である三別抄《サンビョルチョ》がモンゴル軍への抵抗に立ち上がった。三別抄は根拠地を江華島から朝鮮半島南部沿岸の珍島《チンド》へと移し、さらに済州島《チェジュド》へ移って抵抗をつづけたが、一二七三年に鎮圧された。この三年におよぶ三別抄の反乱は結果的にモンゴル軍の日本遠征を遅らせることになった。

図2 ● フビライ・ハン肖像画
チンギス・ハンの孫であるフビライは兄モンケの後を継いで、モンゴル帝国第五代皇帝となった。

2　文永・弘安の役

文永の役

三別抄の乱を鎮圧し、高麗を完全な支配下に収めたフビライは一二七四年（文永一一）正月、高麗に対して日本遠征用の船の建造を命じた。中国側の史料『元史』日本伝には「千料舟抜都魯軽疾舟汲水小舟各三百共九百艘」（千料舟《せんりょうせん》（大型船）、抜都魯軽疾舟《ばーとるけいしっせん》（小型高速船）、汲水《きゅうすい》小舟《しょうせん》（小型船）を各三〇〇艘、合わせて九〇〇艘）とある。しかし、高麗では軍船建造命令から完成まで期間が短いため、従来運用していた船を転用してこれに応じた。

同年一〇月三日、フビライの命を受けた元軍は高麗南岸の合浦《ハッポ》（現・慶尚南道馬山《キョンサンナムドマサン》）を出発、同五日に対馬、同一四日に壱《い》岐島《きのしま》を襲撃した（**図3**）。蒙古人・女真人《じょしん》・漢人を合わせた蒙漢軍を主力とし、高麗軍と梢工《しょうこう》や水手《かこ》などの航海従事者を合わせて総勢約四万人（二万六〇〇〇人とも記されており数値は確定していない）の編成であった。

その後、元軍は同一九日に博多湾に侵入し、翌二〇日の早朝から博多湾西側の今津《いまづ》や百道原《ももちばる》などの海岸から上陸を開始した。日本側では鎌倉幕府の命を受けて、九州各地から駆けつけた大勢の御家人たちが迎え

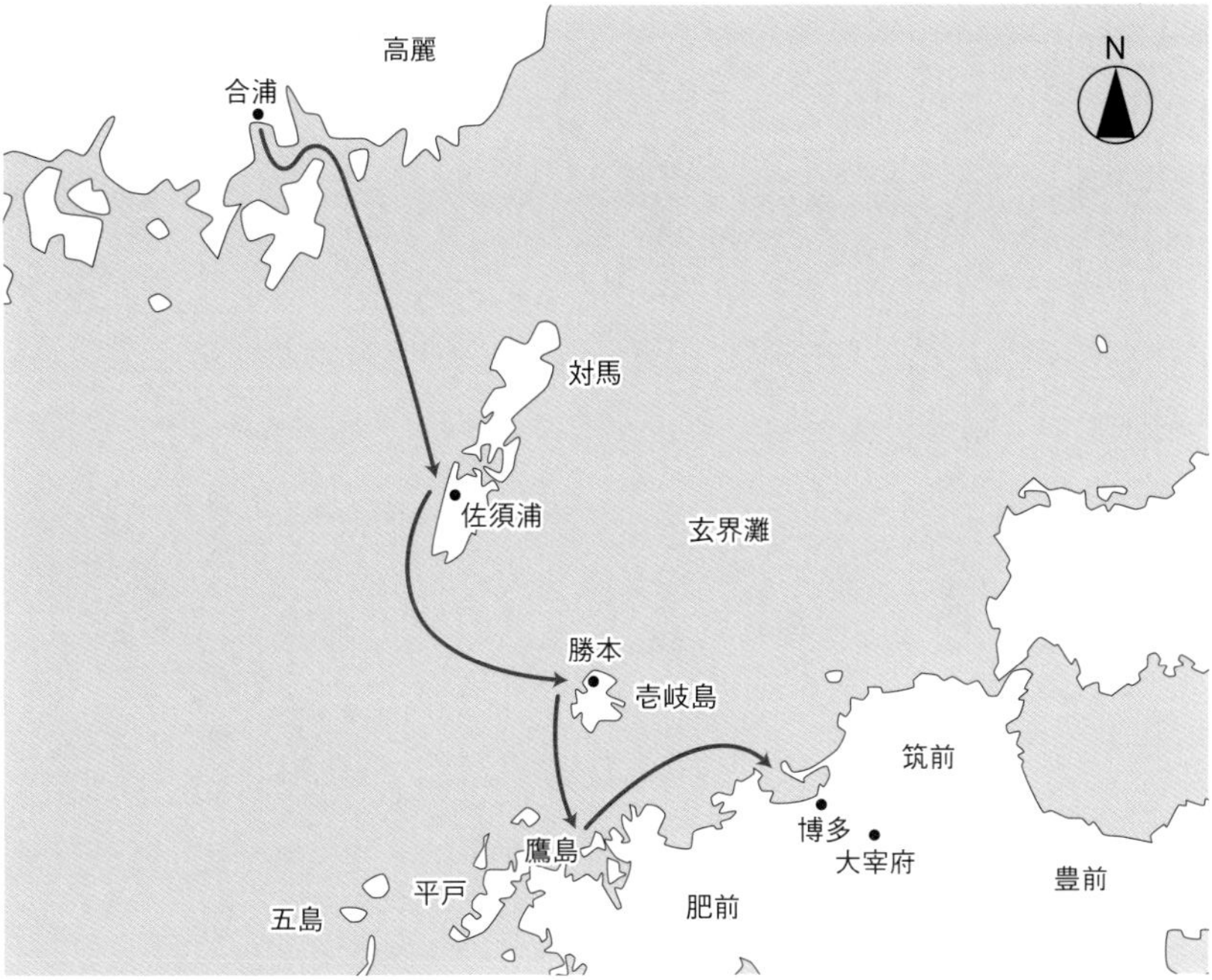

図3 ● モンゴル軍の侵攻（文永の役）
モンゴル軍は対馬・壱岐島を蹂躙（じゅうりん）した後、
博多湾から上陸し、博多の街を焼き払って撤退した。

撃ち、激しい戦闘がくり返された。

当時の戦い方は日本側が名乗りあって一騎打ちをおこなうのに対し、元軍は一面に立ちならび、攻めてくる者をとり囲んで討ちとるという集団戦法であった。日本側はこれまでに経験したことのない戦法や、火薬を使った「てつはう」などのみなれぬ兵器に予想外の苦戦を強いられた（図4）。一回目の蒙古襲来である。

元軍と日本側との攻防が重ねられるなかで、統制のとれた集団戦法を駆使する元軍の前に日本側はしだいに劣勢となった。博多の街に火が放たれ戦いは初日から元軍の圧勝に終わった。

しかし翌日、元軍は博多湾から忽然《こつぜん》と姿を消し、退却したようだ。後に日本ではこれを「神風」によるとしたが、元軍が退却した理由は、混成軍であったこと、指揮官同士に確執があり士気も上がらなかったこと、兵が渡洋遠征に不慣れであったこと、弓矢などの武器がつきたことなどが考えられている。

図4●『蒙古襲来絵詞（えことば）』に描かれた「てつはう」
中央上部に「てつはう」と書かれた黒い球がはじけ、火花が飛び散っている状況が描かれている。

また、日本遠征は日本側を交渉の席につかせるために元の戦力と国力をみせつけることが目的で、最初から徹底攻撃をする意図はなかったとする考え方もある。日本遠征はあっけなく終了したのである。

弘安の役

一二七六年三月、フビライは四十数万人の大軍で南宋の首都臨安《りんあん》（現・浙江省杭州）を陥落させ、一二七九年二月には崖山《がいざん》（現・広東省江門）で海上に逃れていた南宋の遺臣軍を滅ぼして名実ともに中国の統一をはたした。

南宋を滅ぼしたことでフビライは南宋支配下にあった江南地域の膨大な経済力を手中に収めるとともに、降伏した四〇万人ともいわれる武将や将兵の一部を日本再遠征軍である「江南軍」に再編成した。同年二

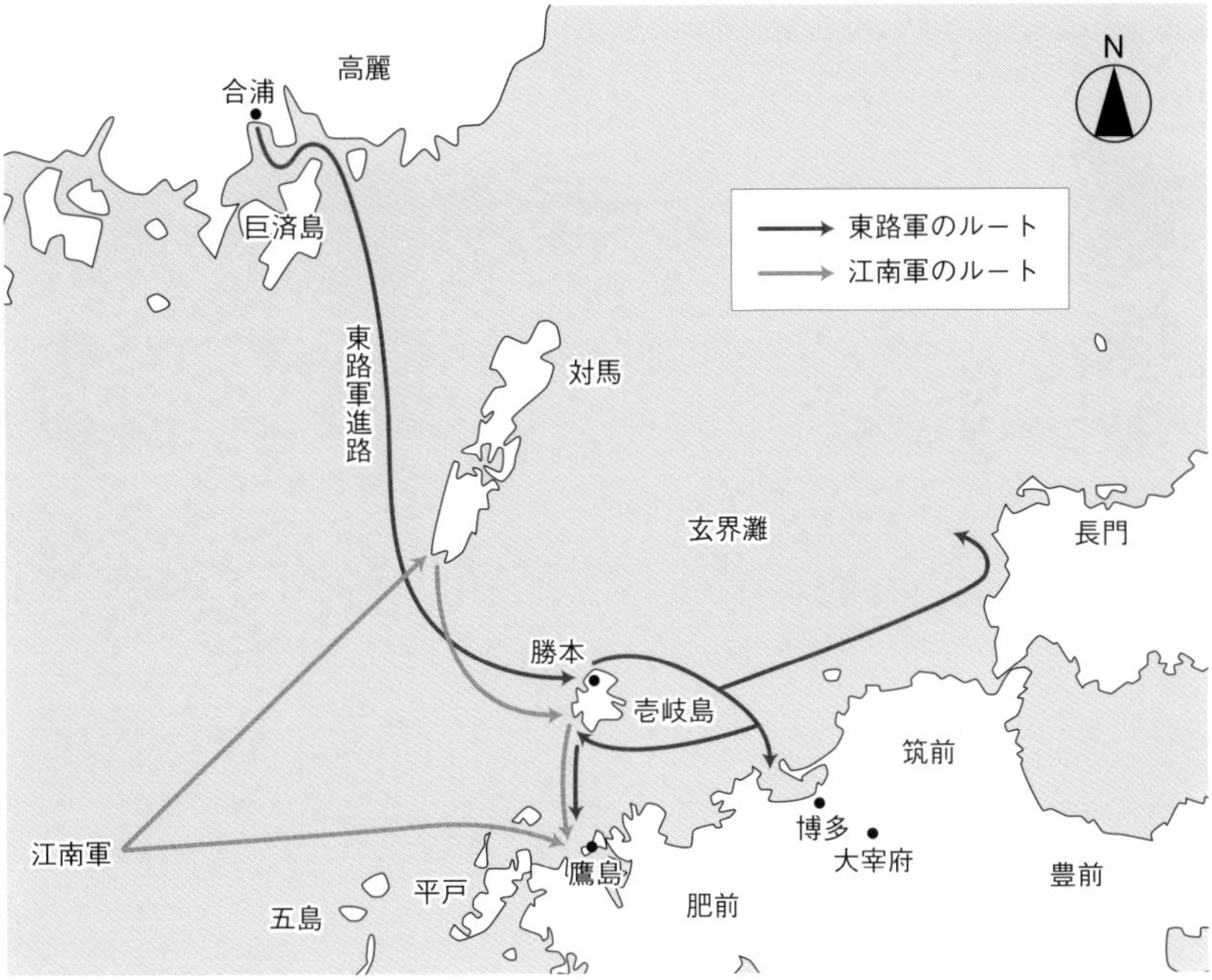

図5 ● モンゴル軍の侵攻（弘安の役）
予定通りに進発した高麗からの東路軍に対して、江南軍は進発が遅れた。両軍は平戸島周辺で合流した後、伊万里湾へ移動したところで暴風雨に遭遇した。

月、旧南宋の四省に日本遠征のための軍船六〇〇艘、同年六月、高麗に第一次遠征と同じ九〇〇艘の軍船の建造を命じた。

一二八一年正月、フビライは正式に第二次日本遠征を発し、前回と同様に高麗合浦から出発する東路《とうろ》軍と旧南宋の慶元《けいげん》（現・浙江省寧波《にんぽう》）などの港から出発する江南《こうなん》軍が、同年六月一五日ごろに壱岐島海域で合流し一挙に日本を攻める作戦を立てた。東路軍は総勢約四万人と軍船九〇〇艘、江南軍は総勢約一〇万人と軍船三五〇〇艘といわれている（図5）。

同年の五月、出発間近の江南軍は、総司令官が病死したことにより出発が当初の予定から大幅に遅れ、六月中旬から七月初旬となった。また、日本側の防衛準備地域外にある平戸島（現・長崎県平戸市）が船団の仮停泊地に適していると判断し、両軍の集結地を壱岐島から平戸島に変更した。一方、東路軍は集結地の変更を知らないまま、予定より早めの五月三日に壱岐島を目指して合浦を出発した。

図6 ● 元寇防塁（生の松原地区）
文永の役後、鎌倉幕府は九州を中心とする西国の御家人に命じて博多湾一帯に石築地をつくらせ、モンゴル軍の2度目の侵攻に備えていた。

東路軍は巨済島《コジェド》に滞在した後、五月二一日に対馬を襲撃し、同二六日には壱岐島を襲った。そして六月六日には主力船団が博多湾に姿をあらわした。

これに対し鎌倉幕府は九州の御家人たちに命じて、博多湾沿岸一帯に高さ二〜三メートル、東西約二〇キロにおよぶ強固な石築地《いしついじ》（元寇防塁《ぼうるい》、図6）を構築し、元軍の再来襲に備えていた。日本側の防御体制を目の当たりにした東路軍はすぐには攻めかねて、防衛の手薄な博多湾の能古島《のこのしま》・志賀島《しかのしま》を襲撃した。石築地が東路軍の博多上陸を阻止したのである。

東路軍に対し日本側は小舟を連ねて沖合の元軍船に夜襲をかけた。六月八、九日の志賀島付近での攻防戦では両者に多くの戦死者・負傷者を生じている。約一週間の戦闘後、上陸をあきらめた東路軍は博多湾からふたたび壱岐島へと移動した。

六月下旬、博多の防衛に招集されていた薩摩・筑前・肥後・肥前などの御家人は壱岐島に渡り、元軍とのあいだで激戦を展開した。日本側は東路軍が平

図7● 和船に乗り込んで元軍の攻撃に向かう鎌倉武士たち（『蒙古襲来絵詞』）
大型の元軍船に対し、鎌倉幕府旗下の御家人たちは小舟を用いて夜襲をくり返した。元軍船の船艙（せんそう）には様子をうかがう元軍兵がみえる。船首の「盤車（ばんしゃ)」は大型の椗（いかり）を巻きあげるもの。

戸島に向かう七月二日までたびたび攻撃を試みている。

元軍は七月上旬に平戸島の沖合で東路軍と江南軍がようやく合流し、博多をへて一挙に大宰府を攻め落とすため七月二七日には伊万里湾内へ移動した。一方、元軍が伊万里湾に集結中との報告を受けた日本側はここでも小舟による夜襲を敢行し、元軍に多大な損害を与えた。

日本側と元軍との緊張が極限まで高まるなか、七月三〇日夜半から翌閏七月一日にかけて、伊万里湾の鷹島《たかしま》周辺に停泊していた元軍船四四〇〇艘と一四万人といわれる大部隊を大暴風雨が襲った。軍船がつぎつぎに沈没するなかで溺死する者が多数生じ、大暴風雨から逃れた元軍兵は鷹島に避難した。

これに対して閏七月五日から七日には日本側の掃討作戦がおこなわれた（図7）。生き残った元軍兵は捕虜となったり逃げ帰ったりした。これが世にいう「神風」によって海の藻屑と消えた元軍終焉のくだりであり、フビライの第二次日本遠征も失敗に終わった。

このときの被害状況について、韓国側の史料『高麗史』では「東征軍九千九百六十名梢工水手一万七千二十九名其生還者一万九千三百九十七名」と記されている。また、『高麗史節要』には、「元軍不返者無慮十万有幾我軍不返者亦七千余人」と記されている。中国側の史料『癸辛雑識』續集巻下には「大風暴作諸船皆撃撞而碎四千餘舟所二百而巳全軍十五萬人歸者不能五之」（大風がもろもろの船をはげしく襲い、四千余艘の船はわずかに二〇〇艘となって、全軍一五万人は帰還することができなくなった）とある。これがすべて実数であるとは思えないが、世界の海難史上例をみない悲惨な出来事であったことはまちがいない。

第２章　伊万里湾と鷹島

1　天然の良港、伊万里湾

玄界灘の波濤を避ける

弘安の役の最後の舞台となった伊万里湾は長崎県と佐賀県の県境に位置する。東西約一三キロ、南北約七・四キロの広さがあり、面積は約一二〇平方キロ、最大深度は約五六メートルである。海水の入れ替わりの少ない内海で、環境庁が定めた閉鎖性海域の一つであり、鷹島の東西両脇に位置する三つの湾口部によって玄界灘とつながっている（図８）。湾内には福島《ふくしま》や飛《とび》島《しま》をはじめ大小の島々があり複雑な地形をしている。

鷹島は伊万里湾を外海からふさぐ位置にあり、上空からみた地形は三角形状で、一見すると鷹が翼を広げたようにみえる（図９）。周囲約四〇キロ、島内面積約一七・一六平方キロで、三角形の一辺にあたる伊万里湾側の南海岸線は長さ約七・五キロである。

図8 ● 伊万里湾と鷹島
伊万里湾は湾口を鷹島や魚固島（おごのしま）、青島などの島々でふさがれており、波静かな内海となっている。

鷹島の地質について少し説明すると、基盤層は砂岩と泥岩の互層からなるおよそ六五〇〇万年前から二五〇〇万年前の「佐世保層群《させぼそうぐん》」であり、その上を玄武岩層《げんぶがんそう》がおおう。玄武岩層は約一千万年前の大陸系火山活動の際に流出した溶岩が固着した岩石層で、層厚は二〇～四〇メートルある。島内のほとんどをこの玄武岩層が占め、その上を風化した赤土層がおおっている。

鷹島全体は標高一〇〇メートル前後の比較的低い台地状地形をしている。玄武岩の溶岩台地を侵食した小河川は谷を形成し、そのまま海に没して海岸線は比較的出入りの激しいギザギザ状となる。この谷筋を利用して水田耕作もおこなわれるが、耕地の多くは玄武岩台地上の畑地である。

天然の防波堤、鷹島

ギザギザ状の海岸線を形成する谷筋は海岸の

図9 ● 鷹島
上空からみると、鷹が羽を広げて飛んでいる姿にみえるという。

深い入江を形成することから、島内には天然の良港が複数分布する。伊万里湾に面した鷹島南海岸では、東側から神崎《こうざき》港、黒津浦《くろづうら》、殿《との》の浦《うら》港、原《はる》港、床浪《とこなみ》港、三里《さんり》港、船唐津《ふなとうづ》港が、玄界灘に面した北西海岸では北から堂代《どうしろ》港や阿翁浦《あおううら》港、三代《みよ》港が、佐賀県との県境をなす東海岸では北から小浦《こうら》港、日比《ひび》港がある（図10）。

これらの港は現在も漁港あるいは島外と鷹島を結ぶ連絡フェリーの発着港として活用されている。歴史的にみれば、これらのなかには中世の段階にこの地域で活動した松浦党《まつらとう》が利用した港であったと推測される。なかでも鷹島南海岸に多くの港が分布することは、港が古くから外洋である玄界灘の波濤《はとう》を避けるために利用されてきたことを示している。おそらく蒙古襲来の際の元軍にもこのような情報が伝わっており、そのことが伊万里湾へ元軍船団が集結することにつながったと考えられる。

なお、玄界灘から伊万里湾へ出入りする方法には、鷹島の西に位置する松浦市星鹿《ほしか》町青島《あおしま》とのあいだの青島水道、あるいは同青島と同岳崎《たけざき》とのあいだの津崎《つざき》水道がある。また、鷹島の東に位置する佐賀県唐津市肥前町星賀《ほしが》とのあいだの日比水道を利用することが一般的である。大型船のある元軍船団が利用したのは、水深約五六メートル、幅七〇〇メートルの津崎水道と考えられる。

玄界灘がある北および北西方向からの風を避ける場合、伊万里湾内は湾口に位置する鷹島が天然の防波堤の役割をはたし、最適の避難場所となる。実際に現在でも、台風接近時の伊万里湾は外国船を含む多くの大型船舶が一時避難する海域として活用されている。

ただし、北および北西方向からの風が発生した場合、伊万里湾内では南西海域の流速が弱まり、外海との海水交換が抑制される。このため湾内には赤潮が発生しやすくなる。このことは伊万里湾内で盛んな養殖事業にとっては被害をもたらす要因となり、その抑制が大きな課題となっている。

ちなみに伊万里湾の湾奥部には伊万里港が位置しており、一七世紀から一八世紀にかけて遠くヨーロッパまで運ばれた磁器である「古伊万里」に冠された地名して世界に名を馳せている。

2　鷹島に残る蒙古襲来の伝説

二度目の蒙古襲来（弘安の役）を経験し、元軍船団の最後の舞台となった鷹島は「元寇の島」として広く知られ、さきにみたように『蒙古襲来絵詞《えことば》』などにも元の軍船が沈没や遭難した場所として記されている。

蒙古襲来の際の戦いの記憶は七〇〇年以上たったいまでも、言い伝えやこれにまつわる場所として島内各地に残っており、それは壮絶な戦闘を想起させる地名が少なくない（**図10**）。「首《くび》崎《ざき》」「血崎《ちざき》」「血浦《ちうら》」「首除《くびの》き」「胴代《どうしろ》」などの地名は流れ出る血しぶきを連想させる。また、戦死者への鎮魂を意味する「供養《くよう》の元《もと》」、武器を意味する「刀《とう》の元《もと》」や「遠矢《とや》の原《はる》」などの地名は元軍の上陸にともなう出来事を後世の人びとへ伝えている。

また、元軍が侵攻した壱岐島や鷹島などの地域では「むくりこくりの鬼が来る」（むくり＝

蒙古、こくり＝高麗）という言葉があり、言うことを聞かない子どもや泣き止まない子どもをさとす風習があった。このような蒙古人や高麗人に対する恐怖感が生まれたのは、蒙古襲来の悲惨な記憶とその恐怖が地元の住民の心の奥深くまで刻み込まれていたことを物語っている。

鷹島の北部、阿翁浦港を見下ろす場所に「龍面庵《りゅうめんあん》」がある。鎮西奉行の少弐経資《しょうにつねすけ》の弟である少弐景資《かげすけ》が本陣を構えた陣屋跡と伝わっている。島の西海岸の玄界灘を見下ろす丘には、地元で「対馬様」として親しまれている対馬小太郎の墓がある。

文永の役の際、対馬守護代宗資国《そうすけくに》の命により対馬小太郎と兵衛《ひょうえ》次郎という人物が元軍の対馬襲来の様子を

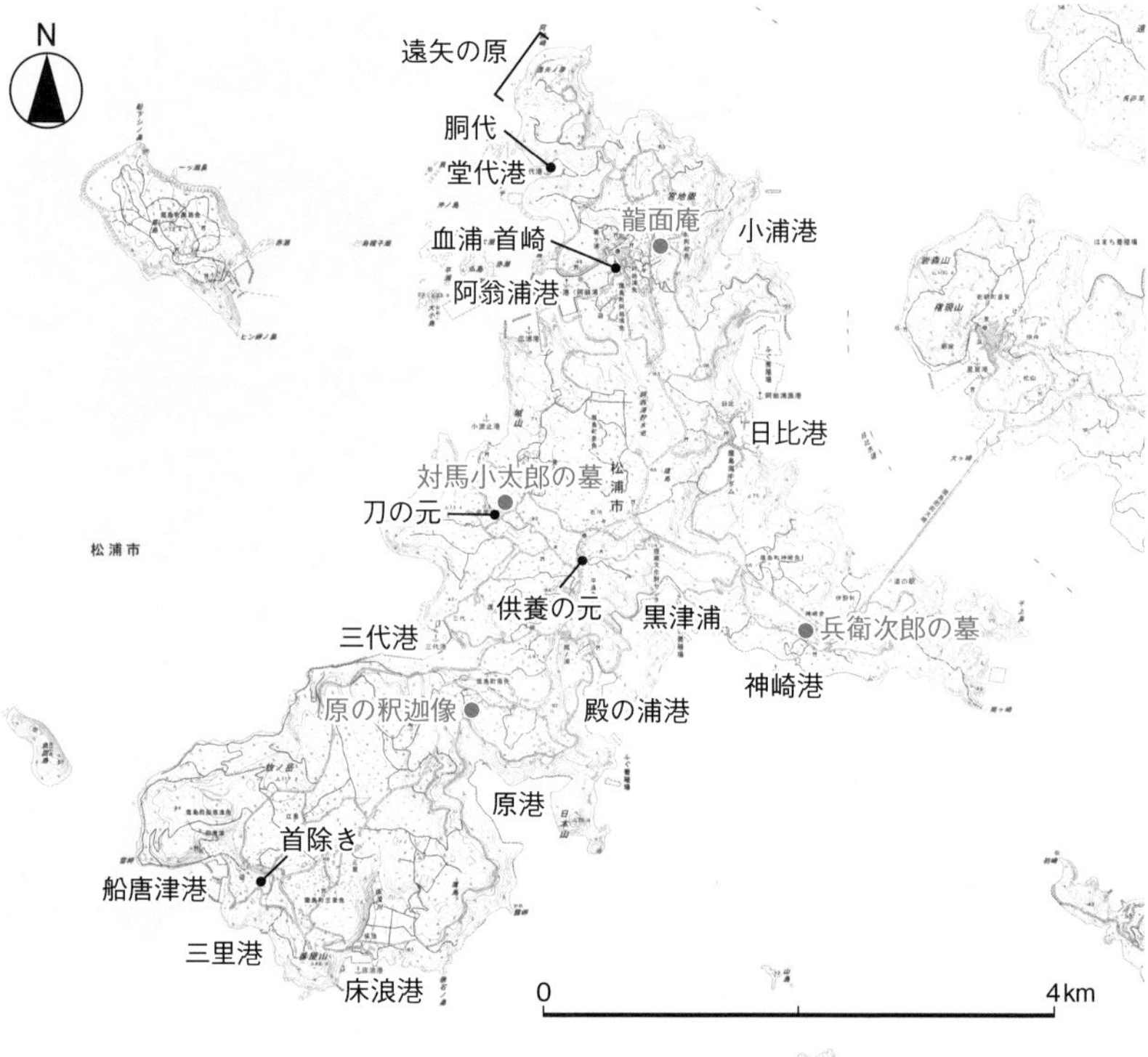

図10● 鷹島の港湾と蒙古襲来関係地名
鷹島には天然の良港となる入江が多く、蒙古襲来に関係する地名も多く残されている。

大宰府に報告した。対馬小太郎は弘安の役の際にも少弐景資の配下として鷹島での戦いに参戦して重傷を負い、「我が屍を埋るに対馬を望むべき丘陵に於いてせよ」と言い残して自刃したと伝わっている。同様に兵衛次郎の墓と伝わる場所が鷹島の神崎地区に残されている。ただし、陸上での発掘調査では島内から元軍関連の明らかな遺構はまだみつかっていない。

このほか鷹島島内各地には蒙古襲来に関連した供養塔や五輪塔が点在する。また、鷹島南海岸の海底からは元軍船のものとみられる碇石《いかりいし》や、地元で「トーツボ」とよぶ壺類などが漁師の漁網にかかって引き揚げられ、民家などに保管されている（図11）。

なお、島の南部の原《はる》地区に江戸時代の終わりごろに漁師が海底から引き揚げたという銅造如来坐像（像高七七センチ、県指定有形文化財、図12）一体を祀る小堂がある。地元ではこの仏像を「原の釈迦像」とよんでいる。高麗前期の作だが、対馬・壱岐島にみられる高麗仏とは少し作風が異なり、中国の影響があると考えられている。

図11 ● 鷹島海底遺跡からの採集遺物
松浦市立埋蔵文化財センターガイダンス施設の展示室には伊万里湾から引き揚げた遺物が多く展示されている。

図12 ● 原の釈迦像
海底から引き揚げた銅造如来坐像を安置した小祠がある。

第3章　試行錯誤の水中調査

1　蒙古襲来研究の変遷

「神風」伝説の記憶

冒頭でのべたように、日本の小中学校や高校の教科書には蒙古襲来のことが必ずとり上げられている。これは蒙古襲来が日本の歴史のなかで他国の軍隊の本格的な襲来を受けたはじめての経験であったことによる。

日本では明治維新後、近代国家の建設を進めていくなかで、日本と日本人の優位性を国民に自覚させるための歴史教育が進められ、そのエピソードの一つとして蒙古襲来が大きくとり扱われた。蒙古襲来は「神国日本」の歴史にとって大きな国難事件であり、鎌倉武士たちの奮戦にもかかわらず劣勢であった日本を「御稜威《みいつ》」（神や天皇の威光）のあらわれである「神風」が救った歴史として教科書に掲載されたのである（図13）。戦後、皇国史観の否定によって

「神風」伝説は教科書から除かれたものの、多くの日本人のあいでいまだに「神風」伝説にともなって蒙古襲来が記憶されている。

日本中世史研究者の佐伯弘次九州大学教授は、蒙古襲来についての関心が高まった時期は幕末期、日露戦争期、アジア太平洋戦争期であったという。幕末期はイギリスやフランス、アメリカなどの圧力を受けて国内の政治状況が緊張した時期にあたり、日露戦争期は帝政ロシアと朝鮮半島や中国東北部（旧満州）の権益をめぐる戦争へと突き進んだ時期、そしてアジア太平洋戦争期は中国東北地域（旧満洲）を含む中国大陸での利権を確保するために中国とのあいだで宣戦布告をしないまま交戦し、最終的にはアメリカやイギリスなどとのあいだの全面戦争に拡大した時期であり、いずれも日本が戦争に直面していた。

いわゆる国難とされた時期であり、蒙古襲来

第十九　元寇　六十四

弘安の役

元寇

れを恐《おそ》れず、その使者を退《しりぞ》けたれば、勝ちほこりたる元《ゲン》は、後《ゴ》宇《ウ》多《ダ》天皇の弘安《あん》四年に、十餘《よ》萬の大軍をもつて、わが九州に攻めよせたり。ここにおいて、亀山上皇は、大いに、こ

第二十　北條氏亡ぶ　六十五

亀山天皇身をもつて國難にかはらんとしたまふ
元兵大にやぶる
元またわが國をうかがはず

れをうれへ、身をもつて、國難にかはらんことを祈《いの》りたまひ、また、時宗は、大いに、兵をはげまして、これをふせがしめたり。をりしも、大風、にはかに、おこりて、元《ゲン》の船は、木葉《このは》の如く、ふきちらされ、溺《おぼ》れ死ぬるもの、はなはだ、多かりき。また、その殘りしものども、多く、わが兵のために殺されて、歸るを得たるものは、はなはだ、わづかなりき。これより後、元《ゲン》は、また、わが國をうかがふことなかりき。

第二十　北條氏亡ぶ

図13 ● 国定教科書『小学日本歴史一』の「元寇」記載
戦勝をもたらす神風伝承として、蒙古襲来が教科書に載せられた（1903年〔明治36〕発行）。

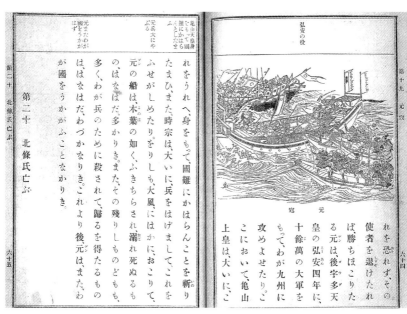

への関心が高まるのはこのような日本にとっての国際関係の緊張期なのである。このことは危機的状況を吹き払う「神風」が起こり、蒙古の侵攻から救われた出来事を喧伝することによって、外交的困難に直面した日本国民の団結心と敵愾心《てきがいしん》の喚起が図られたことを示す。

蒙古襲来に関する記録と歴史研究

蒙古襲来はアジア大陸をほぼ支配下におさめたモンゴル族の国家である元が、属国化した朝鮮半島の高麗および征服した中国の金《きん》や宋の軍人と船舶を動員して日本への侵攻を試みた事件である。このため蒙古襲来に関する記録は攻められた側の日本と攻めた側の元（中国）、元にしたがった高麗（韓国・北朝鮮）に残されている。

日本の基本的な史料としては、東京大学史料編纂所竹内理三教授が鎌倉時代の古文書をまとめた『鎌倉遺文』と当時の貴族たちが記した日誌があり、中国では宋や元の正史である『宋史』や『元史』、そして高麗では正史である『高麗史』および『高麗史節要』などがある。これらの史料については、日本学術振興会の補助金を受けて実施した研究「長崎県北松浦郡鷹島周辺海底に眠る元寇関連遺跡・遺物の把握と解明」（研究代表：池田榮史）の一環として、九州大学の佐伯弘次教授、森平雅彦准教授、舩田善之講師が集成を図った資料集がある。

このほか肥後の国人竹崎季長《すえなが》がつくらせた『蒙古襲来絵詞』も残されている。『蒙古襲来絵詞』は、すでにみてきたように蒙古襲来の際の戦闘の様子を描いた絵画を含む同時代の史料としてきわめて重要であり、長い間多くの人びとの関心を集めてきた。このこともあり一〇例を超える写本が作成され、現在では原本と写本の比較検討を含めたさまざまな研究が進められている。

これらの史料を対象として進められてきた蒙古襲来についての研究のなかでもっとも基本的で体系的な研究書は、池内宏東京帝国大学教授による『元寇の新研究』（東洋文庫、一九三一年）や、相田二郎東京帝国大学史料編纂所講師による『蒙古襲来の研究』（吉川弘文館、一九五八年）、川添昭二九州大学教授による『蒙古襲来研究史論』（一九七七年）などがある。池内の著書は戦前、すなわち先ほどのアジア太平洋戦争開始期に刊行されており、後二者は戦後に刊行された研究書である。

このほか蒙古襲来は日本中世史において重要な歴史的事件であることから、各出版社による通史的な日本史図書のなかでテーマの一つとしてとり上げられている。黒田俊雄著『日本の歴史八　蒙古襲来』（中央公論社、一九六五年）、網野善彦著『日本の歴史一〇　蒙古襲来』（小学館、一九七四年）、筧雅博著『日本の歴史一〇　蒙古襲来と徳政令』（講談社、二〇〇一年）、佐伯弘次著『日本の中世九　モンゴル襲来の衝撃』（中央公論新社、二〇〇三年）、新井孝重著『戦争の日本史七　蒙古襲来』（吉川弘文館、二〇〇七年）などである。また、蒙古襲来に関する専門的な研究書も数多く刊行されている（巻末の参考文献参照）。

これら日本で出版された図書は基本的に文献史料を用いて蒙古襲来の経過をたどりながら、鎌倉幕府の対応を読み解く、あるいはこれに攻め手である元や高麗の事情を織り込みながら、蒙古襲来の経過の確認と歴史的な評価を試みている。これに対して、太田弘毅著の『蒙古襲来

―その軍事史的研究―』（錦正社、一九九七年）は、海上自衛隊に勤務した経験にもとづいて船舶構造や兵站などの軍事史的視点から蒙古襲来について検討を加えている点がユニークである。服部英雄著の『蒙古襲来』（山川出版社、二〇一四年）、『蒙古襲来と神風―中世対外戦争の真実―』（中公新書、二〇一七年）は、『蒙古襲来絵詞』などの史料を独自の視点から分析し、蒙古襲来に動員された元軍の兵士が考えられていたよりもかなり少なかったことや、竹崎季長の行動にはこれまでとは異なる評価が必要であることなど、元寇に関わる通説を批判し、刺激的な内容となっている。

2 「管軍総把印」の発見

水中調査のはじまり

日本列島は四方を海でかこまれているため、船舶の漂流・漂着・沈没に関する史料が多数残されている。当然、各時代の船舶も数多く海底に埋れていると予想されるが、水中の文化財の調査や研究・保護については国家としても学界としても非常に関心が薄く、世界的にみると水中考古学研究の後進国であった。

そうしたなか、一九八〇年から三カ年にわたって「古文化財に関する保存科学と人文・自然科学」（総括研究代表：江上波夫オリエント博物館長）が文部省科学研究費特定研究に採択され、その一分野に「水中考古学に関する基礎的研究」（研究代表：茂在《もざい》寅男東海大学教授）がとり上げられて、水中考古学研究が開始されることになった。

この研究の目的は水中にある古文化財の発見とその所在の確認についての考古学的調査方法の開発研究と、引き揚げられた文化財の修復と保存についての方法などに関して実験的に研究・解明し、日本における水中考古学の研究体制を確立することにあった。そのため歴史学・考古学・郷土史などの人文科学系の研究者と、船舶工学・水中音響工学・潜水技術などの工学系の研究者を交えた学際的な組織がつくられた。

この研究に際して鷹島は、漁師の網にかかって海底から引き揚げられた多くの壺類や船舶用の碇石があること、潮流や風が穏やかであること、水深もそれほど深くないことなどから実験調査地に選定された。

このときの現地調査では、鷹島南海岸海域において音響測探機を使用して海底の状況を調査し、異常反響があった地点で潜水による確認やエアーリフト（図20・21参照）の試用実験をおこなっている。また、鷹島南海岸から沖合五〇メートルあたりまでの水深一〇メートルの浅瀬および岩礁地域に潜水して、遺物の確認と写真撮影もおこなっている。

サンプリングされた遺物は海底に露出または半埋没した状態で確認されており、褐釉《かつゆう》壺・投石弾・磚《せん》（レンガ）・青磁《せいじ》碗や碇石・石臼などがあった。なお、これらの遺物は床浪港と神崎港周辺に集中してみられる傾向も確認されている。

ちなみに鷹島南海岸での三年間の調査が終了した一九八二年八月中ごろ、鷹島の対岸にある松浦市志佐《しさ》町で発掘調査をしていた筆者（中田）のもとへ、松浦党研究連合会の古賀稔康会長より、松浦市星鹿町で蒙古襲来に関連した調査をしたいので案内してもらいたい旨の連絡があった。同二一日の調査には茂在寅男教授、古賀稔康会長と大学生数名が参加し、地元で元軍の兵士を葬ったと伝わる千人塚や元寇防塁ともいわれる逃《にげ》ノ浦《うら》の石塁について金属探知機などを使用した調査がおこなわれた。このときには蒙古襲来に関連した遺物の発見はなく、思うような成果を得ることはできなかったが、この調査は筆者が水中考古学的調査に関心をもつ契機となった。

管軍総把印

前述の科学研究費による調査中、地元住民が神崎港の浜辺で貝掘りをしたときに採集し、保管していた印鑑らしきものを関係者のもとへ持参した（**図14**）。

青銅製で、なるほど印鑑のような形をしており、印面の大きさは六・五センチ四方、厚さ一・五センチで、持ち手部分である鈕《ちゅう》は高さ四・四センチ、厚さ一・二〜一・四センチあり、重さは七二六グラムと意外に重い。

図14 ● 管軍総把印
印面にはモンゴルがつくったパスパ文字で「管軍総把印」と刻まれている。

印面がわずかに凸状に湾曲していることからすれば、前後に倒すようにして押すものと想定された。

印面には文字が刻まれているが漢字ではない。鈕の右側には漢字で「□軍□把□」とわずかに判読できる文字が刻まれてあり、左側には「中書礼部《ちゅうしょれいぶ》造至元《しげん》十四年九月□日」の文字が刻まれている（図15）。「至元十四年」は元のフビライ治世下の一二七七年であり、弘安の役の四年前にあたる。

印面の文字は、フビライがチベット人学僧パスパに命じてつくらせた蒙古新字である「パスパ文字」であった。「パスパ文字」は一二六九年（至元六）に元の国字として公示されている。当初、関係者は印面の文字を理解できなかったが、「パスパ文字」に造詣のあった佐々木猛福岡大学講師が「管軍総把印《かんぐんそうはいん》」と判読した。

鈕の右側に刻まれた漢字「□軍□把□」の未判読部分も「管・総・印」であることを岡崎敬九州大学教授が明らかにした。鈕の部分に漢字を刻んであるのは、パスパ文字が読めない旧南宋軍将校のためであると考えられる。

図15 ● 管軍総把印に刻まれた文字
鈕の横に「中書礼部造至元十四年九月□日」の印刻文字がみえる。

『元史』の兵制によると、「萬戸之下置總管千戸之下置總把百戸之下置彈壓圧」（萬戸《まんこ》の下に総官《そうかん》を置き、千戸の下に総把《そうは》を置く、百戸の下に彈壓圧《だんえんあつ》を置く）とあることから、総把とは千人と百人のあいだの部下を統括する地位であり、その地位にあった者が弘安の役の際に所持していたと考えられる。

このような青銅製印が鷹島南海岸で発見されたことは、伊万里湾に元軍船が停泊していた確実な証拠である。

これらによって鷹島南海岸一帯には蒙古襲来関係遺物が包蔵されていることが予想されたことから、鷹島南海岸東端の干上鼻《ひあがりばな》から西端の雷岬《いかずちみさき》までの約七・五キロ、海岸から沖合約二〇〇メートル（水深約二〇〜三〇メートルのあいだ）までの海域が一九八一年に「鷹島海底遺跡」の名称で、蒙古襲来に関係する遺物を包蔵する埋蔵文化財包蔵地として周知化され、陸地の遺跡と同様に文化財保護法の適応を受けることとなった。

また、鷹島町では国・県の補助を受けて、科学研究費による三年間の調査でサンプリングした遺物や、島内の個人宅で所持している「トーツボ」など、寄贈・寄託を受けた資料および民

図16● 松浦市立埋蔵文化財センターガイダンス施設の外観
鷹島町立歴史民俗資料館であった建物は現在、名称変更され、鷹島海底遺跡の出土遺物を展示公開している。

具資料の展示公開の場として、一九八四年三月二七日に管軍総把印をかたどったユニークな建物の鷹島町立歴史民俗資料館（現・松浦市立埋蔵文化財センターガイダンス施設）を設置している（図16）。

3　水中調査の積み重ね

周知の埋蔵文化財包蔵地となった鷹島海底遺跡ではその後、学術目的調査と行政目的調査がおこなわれていくことになる。学術目的調査は大学などの研究機関による学術的な課題解明を目的とする発掘調査で、行政目的調査は開発事業にともなう緊急発掘調査や遺跡の保存・整備・活用のための分布調査・確認調査である。

科学研究費による調査（学術目的調査）

一九八九年度から九一年度にかけては、「鷹島海底における元寇関係遺跡の調査・研究・保存方法に関する基礎的研究」（文部省科学研究費補助金、研究代表：西谷正九州大学教授）による調査がおこなわれ、音波探査機、水中音波測深機などによる海底調査と出土した鉄製品・木製品・土器についての保存処理方法の検討が試みられた。また、この調査と並行して、「水中における遺跡保存方法の検討」（文化庁調査研究事業、長崎県水中遺跡調査団へ委託）による調査がおこなわれた。この調査では文部省科学研究費グループと合同で水中に位置する遺跡の所在確認調査方法を検討している。

なお、鷹島町ではこれらの調査期間中に、原港（浦下浦）港口の水深二三・五メートルの地点で海底ボーリングによる地質調査をおこなった。その結果、海底下四・四メートルのシルト層から六三〇〇年前のアカホヤ火山灰がみつかった。また、海底下一一・五〜一一・六メートルの堆積層中に含まれていた貝殻のC14放射性炭素年代測定がおこなわれ、一万〇五七〇±三八〇yBPの数値が測定された。この結果からすれば、浦下浦でのシルト層の堆積速度は年八・三ミリとなり、蒙古襲来当時の堆積面の計算値は海底面の下、五八センチ付近の位置となる。

床浪港での発掘調査（行政目的調査）

水中考古学的調査がはじまったころ、鷹島南海岸の床浪港（図17）では、長崎県が延長二〇〇メートルの離岸防波堤建設や護岸整備工事に着手していた。工事の範囲は防波堤本体の基礎となる捨石部分を加えると四〇〇〇平方メートルにわたる広範囲におよぶことから、鷹島海底遺跡の周知範囲にかかってくる。このため急遽、長崎県港湾課と県文化課とのあいだで遺跡のとり扱いについて協議

図17●床浪港の調査地遠景
鷹島海底遺跡の発掘調査は1983年度の床浪港の調査からはじまる。

したが、工事の中止や設計変更などは困難であるとの結論となり、事前の発掘調査をおこなうことになった。
一九八三年、長崎県の委託を受けた鷹島町教育委員会が事業主体となり、幕末に北海道江差沖で沈没した旧江戸幕府軍艦「開陽丸《かいようまる》」の発掘調査の責任者で、水中における考古学的調査の豊富な実績を有する荒木伸介氏を団長とする「床浪海底遺跡発掘調査団」が組織され、水中発掘調査が実施された。
調査に先立って長崎県が実施したボーリング調査では、海底面下はつぎのような堆積層であることが確認された。
第Ⅰ層　約三メートルの貝殻を多量に含む緩いシルト層
第Ⅱ層　厚さ七〇センチの細粒砂層
第Ⅲ層　厚さ約三メートルの砂礫層
第Ⅳ層　基盤の軟砂層
調査団では、第Ⅱ層の下部から第Ⅲ層の上部のあいだに遺物が含まれていることを想定し、まず第Ⅱ層上部までバケットで浚渫した（**図18**）。この際、浚渫土のなかに遺物が含まれていることも考えられたため、浚渫土はいったん運搬船上に置き、放水して遺物の洗別をおこなった。第Ⅱ層上部までを浚渫した後は目視によりエアーリ

図18 ● バケットによる浚渫作業（左）**と遺物の洗別作業**（右）
伊万里湾の海底堆積情報が少なかった段階の調査では、1983年度から台船を用いて海底の表土層の浚渫がおこなわれた。

フトを使用して掘り下げたが、遺物の発見にはいたっていない。

一九八八年度には、鷹島町教育委員会が事業主体、長崎県文化課が調査主体となり、護岸工事にともなう一部海岸の埋め立ておよび浚渫工事予定区域を対象とした土層堆積状況と遺物の分布状況確認を目的とする調査をおこなった。

浚渫用バケットで海底下約一メートルの堆積土を除去してみると、その下に厚さ一〜二メートルの灰黒色混貝砂層である遺物包含層を発見した。試掘面積は約一四〇〇平方メートルで、縄文土器・青磁碗・褐釉陶器壺・磚・獣骨・染付皿《そめつけざら》などが出土した。

この調査結果を受けて、翌八九年度にも同様の調査を実施した。この際には事前に海底下の様子を音波探査機で把握しており、なんらかの反応が認められた三〇カ所について発掘調査した。

箱形台船（図19）を調査区域の海上に浮かべて固定し、水中ではエアーリフトを用いて海底の余分な砂やシルトを除去した（図20）。エアーリフトの操作は、台船上の調査員が水中有線電話で指示し、専門の潜水士が担当して掘り下げをおこなった。縄文時代前期・後期・晩期の土器とともに一三世紀代の陶磁器類、江戸時代前期の遺物が出土した（図21）。

図20 ● エアーリフト操作状況
ホースの先を海底にあてて砂やシルトを吸い上げ、台船に移した。

図19 ● 床浪港での発掘調査の様子（1988年）
調査に使用した台船までは小型ボートで行き来した。

さらに九二年度にも、新たな防波堤建設工事にともなう発掘調査が前回同様の調査体制で実施された。調査対象面積は約二四〇〇平方メートル、水深は一三〜二〇メートルである。工事に先立って実施したボーリング調査の結果はつぎのようになっていた（図22）。
第Ⅰ層　厚さ約四メートルの緩い青灰色シルト
第Ⅱ層　約八〇センチの貝殻混じり暗褐色粘質土
第Ⅲ層　礫層の岩盤
このなかで、やはり第Ⅱ層が蒙古襲来関係遺物の包含層と想定して調査を開始した。
この際、浚渫をおこなった第Ⅰ層からは、一三〜一四世紀代の国産土師器《はじき》、中国産陶磁器や碇石が出土したため、第Ⅱ層から潜水調査を開始し、海底下四メートルの水深約二五メートル地点で、約二〇〇平方メートルの狭い範囲から、縄文時代早期の土器や石器片と獣骨がまとまって出土した。いずれの遺物にも摩耗痕が認められないことから遺構の存在が予想されたが、悪劣な水中環境により発見することはできなかった。
この調査で出土した縄文土器は二五一点で、早期の土器が大半を占め、前期の土器三点、晩期の土器一点がある。国内において水深

図21 ● 床浪港の海底から出土した遺物
左：中国産陶磁器、右：碇石。1988・89年度の調査では、中国産陶磁器や碇石など元軍船に関係すると思われる遺物が出土した。

二五メートルの海底から縄文土器がまとまって出土したはじめての例となった。この結果から、床浪港周辺地域は少なくとも約八〇〇〇年前には陸地となっており、氷河期終了後の温暖化にともなう急激な海面上昇の過程で水面下に没したことが推測される。

神崎港での分布調査と確認調査

こうして一九八〇年度からはじまった学術目的調査や床浪港における行政目的調査によって、鷹島海底遺跡の性格がしだいに明らかになった。しかし、遺跡全体の規模や範囲などは不明な点が多かった。そこで、これを正確に把握し、今後の海底における発掘調査を前提とした基礎資料の収集を目的として、潜水しての目視による遺跡詳細分布調査が実施された。調査地区は神崎港の周辺海域である（図23）。

なお、神崎港は床浪港より北東へ約四キロの位置にあり、前述した「管軍総把印」や大量の中国産陶磁器類が採集された地点である。

分布調査は一九九二年度から九九年度の八年間にわたり、

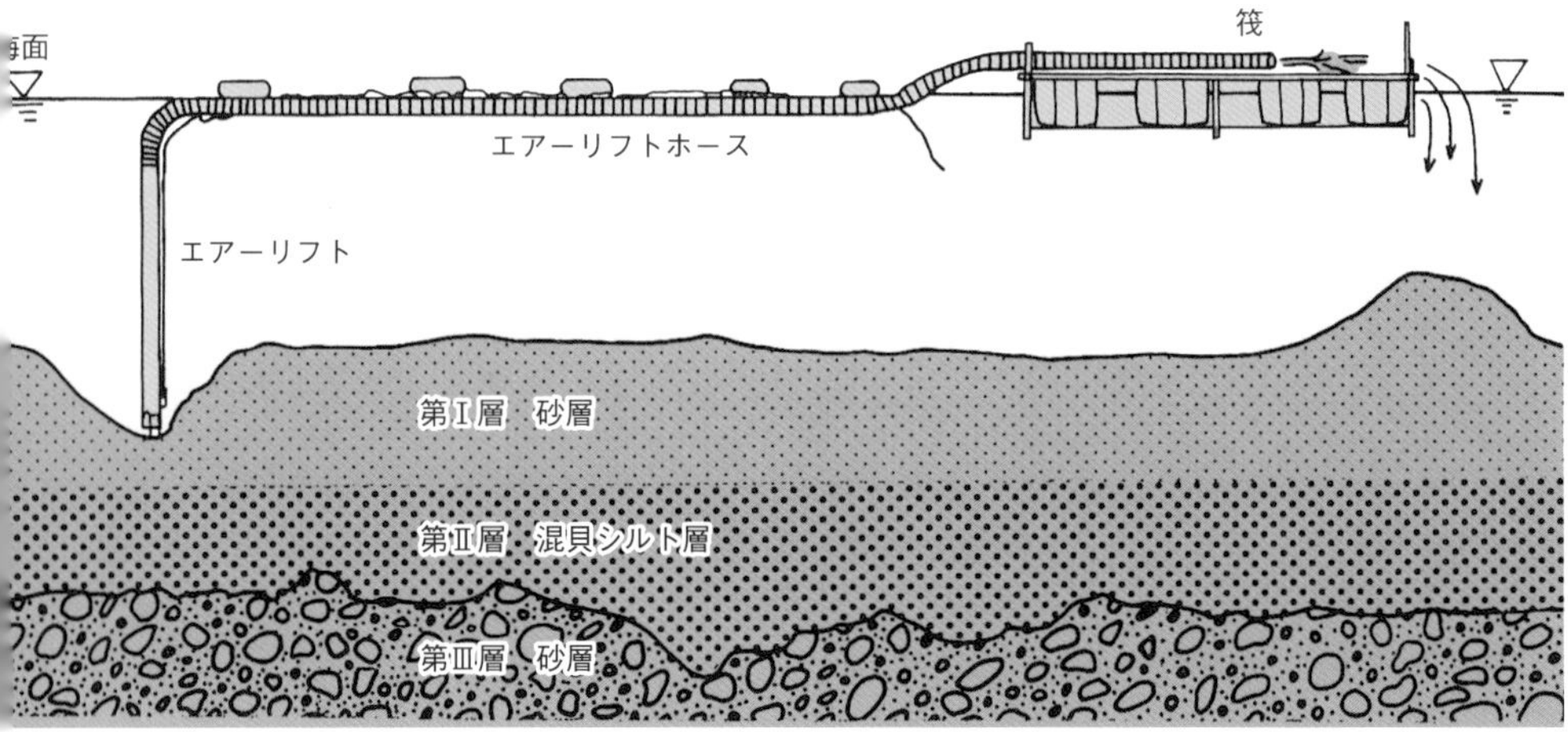

図22●エアーリフトと床浪港沖の層序模式図
1988・89年度の調査では、バケットによる浚渫後の第Ⅱ層からエアーリフトでの掘り下げをおこなった。

林田憲三九州・沖縄水中考古学協会長（現・NPO法人アジア水中考古学研究所）に委託しておこなわれた（図23）。

この調査の結果、陸地に近い海底は磯あるいはシルト混じりの砂質であり、遺物は海底下に沈まずに分布する可能性が高いこと、一方、沖合のシルト層が堆積する海域では遺物がシルト層内に埋没している可能性があることが確認された。なお、一九九五年度には床浪港より北西約一・五キロの位置にある船唐津港においても、港の改修工事に先立って潜水をともなう確認調査を実施している。

この分布調査の成果を受け、鷹島町教育委員会

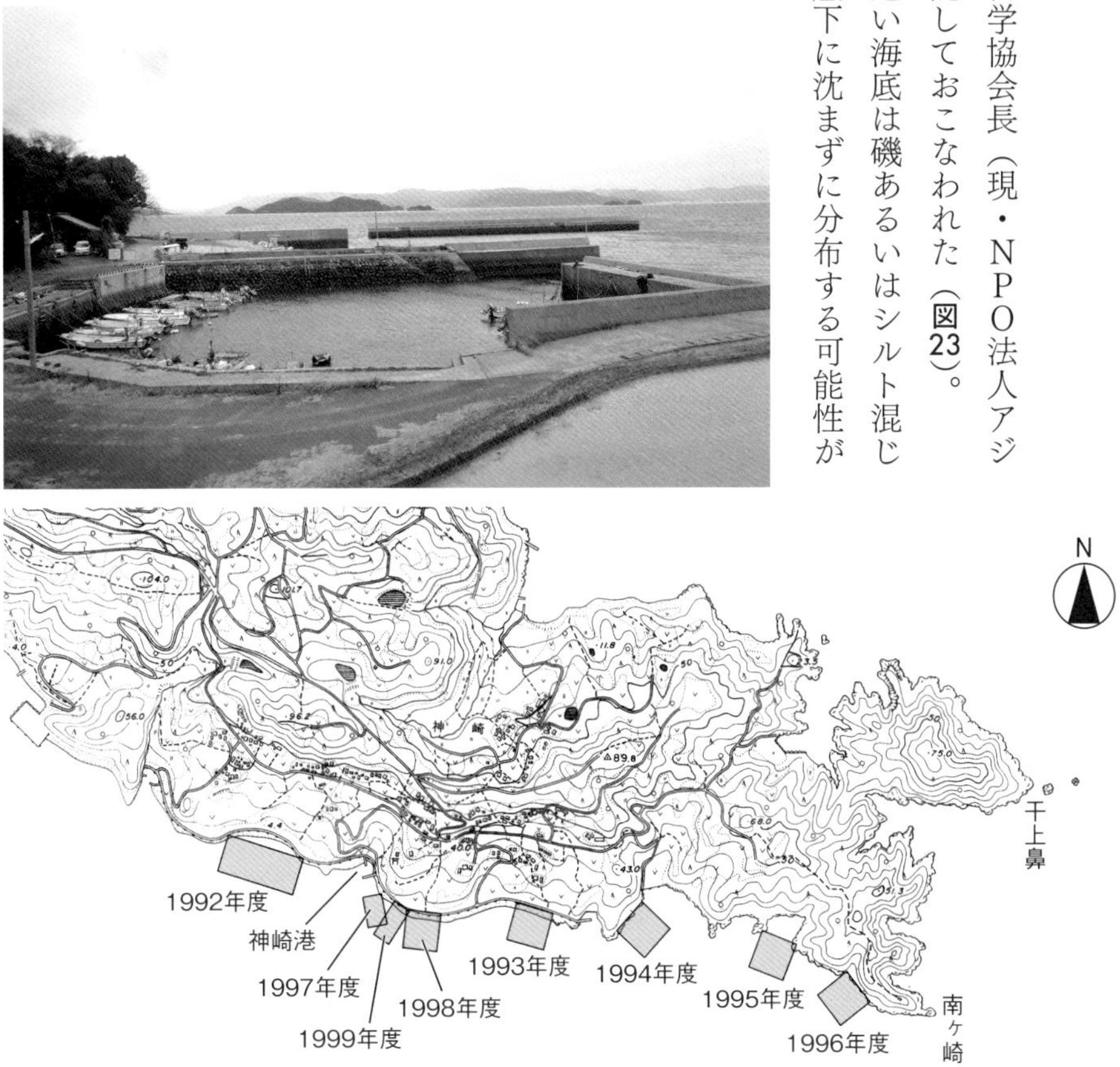

図23 ● 神崎港（上）**と神崎港周辺での分布調査区域**（下）
1992～99年度の8年間、神崎港の周辺で目視による水中調査がおこなわれた。

では引きつづき二〇〇〇年度から二〇〇五年度の五年間にわたり、神崎港を中心とした鷹島海底遺跡の範囲確認調査を実施した（図24）。その結果、大型貝殻を含むシルト層が蒙古襲来時に関連する遺物包含層であることを確認することとなった。この調査の出土遺物には太平通寳《たいへいつうほう》八八枚・漆椀《うるしわん》・褐釉陶器四耳壺《しじこ》・鉄製冑《かぶと》・鉄刀・弓片《ゆみへん》・船材・碇石・磚・縄などがある。

神崎港での発掘調査（行政目的調査）

こうした確認調査と並行して緊急発掘調査もおこなわれた（図24）。一九九四年度に長崎県は神崎港での防波堤建設工事を計画し、県文化課と町教育委員会とのあいだで協議した結果、工事着手前に浚渫予定区域と捨石・被覆石予定区域の合計七一二二・九平方メートルを対象区域とし

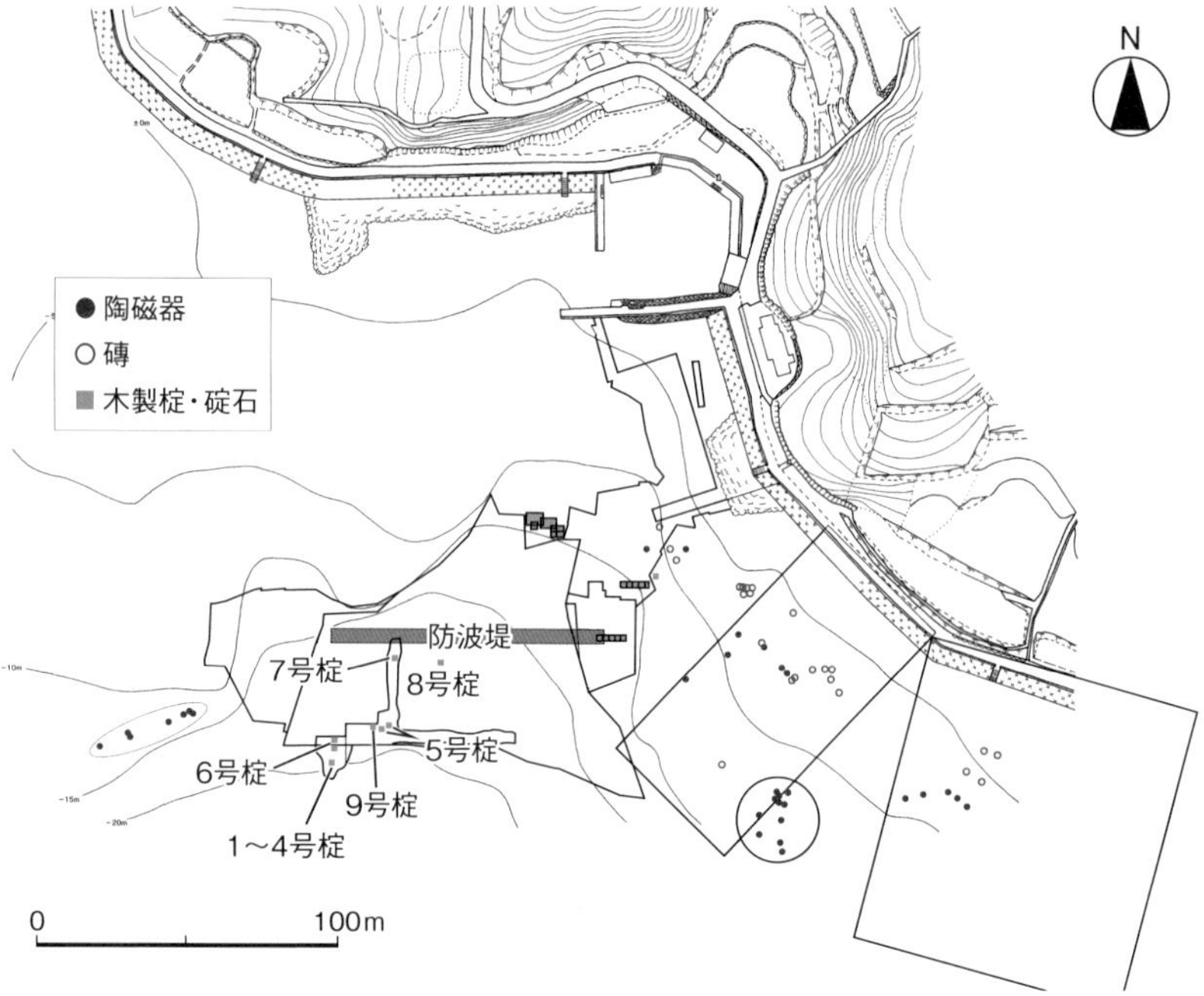

図24 ● 神崎港での発掘調査区域と遺物の出土地点
数次にわたる港湾工事のたびに調査がおこなわれている。太線は防波堤建設、改修工事の調査（1994〜2002年度）と確認調査（2000〜2005年度、茶色部分）の調査区。

て発掘調査を実施することとなった。

この調査では床浪港での事例をふまえ、鷹島町教育員会が調査主体となり、地層探査と潜水調査は民間業者に委託して、一九九五年度までの二カ年でおこなわれた。

防波堤建設予定地での前年度ボーリング調査によると、堆積層はつぎのようになっている（図25）。

第Ⅰ層　暗褐〜暗褐灰色砂
第Ⅱ層　暗灰色シルト
第Ⅲ層　緑褐〜暗灰色砂礫
第Ⅳ層　褐灰色砂質土
第Ⅴ層　基盤層

であり、最大一〇メートルに達するシルトが海底に堆積していることが予想された。ただし、ボーリング調査の時点では遺物包含層は不明であった。

しかし、事前の地層探査では海底下一〜二メートルの位置で四カ所の異常反応が認められた。床浪港では蒙古襲来に関係する遺物出土位置は緩いシルトの数メートル下であったが、神崎港での地層探査結果はこれと異なることになる。地層探

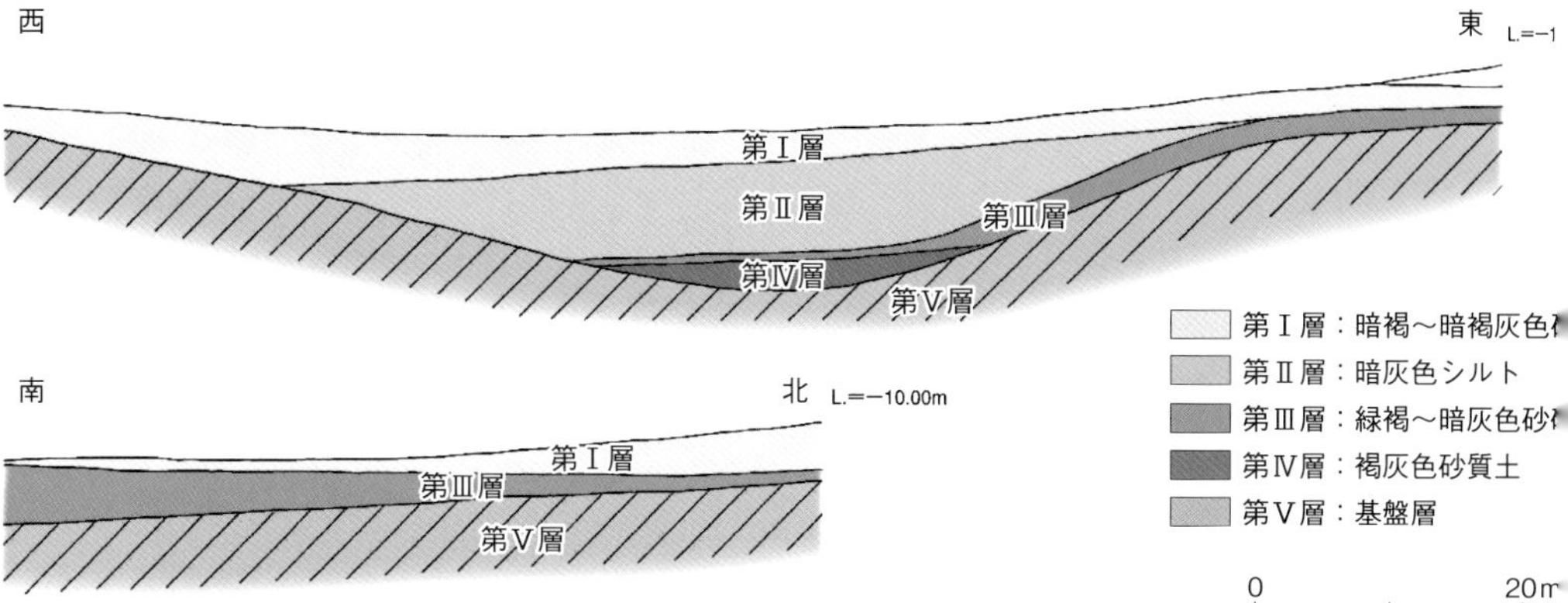

図25 ● 神崎港での発掘調査時の海底堆積層模式図（1995・96年）
神崎港が位置する入江では中央の谷間に陸上から流れ込んだ堆積層が形成され、ここから蒙古襲来時の遺物がみつかっている。

査で検出した異常反応を確認するため浚渫船に装備した大型グラブでシルトを浚渫した結果、海底下一〜二メートルの二カ所で木製碇《いかり》の部材と碇石がみつかった。

神崎港の場合、蒙古襲来に関する遺物はこの深度で出土することが判明したのは大きな成果であり、その後の浚渫は海底下一メートルまでとし、その下はエアーリフトによって掘り下げる調査に切り替えることになった。

木製碇の発見

一九九五年度の発掘調査では、一〇×一〇メートルの調査区八カ所を海底に設け、そのなかを二×二メートルの二五グリットに細分化し、エアーリフトによる掘り下げをおこなった。出土遺物などは調査員が原位置で確認し、実測・写真撮影などの記録をした後にとり上げている。

その結果、水深二〇〜二二メートルの海底面から約二メートルの深さでシルト層にしっかり食い込んだ木製碇が碇石を装着した状態で四本発見された（図26・27）。

碇は船舶の装備品として重要であるが、碇石のみが発見される例はあっても木製碇に碇石を

図26●発見した大型木製碇（3号碇）
海底面に突き刺した片方の碇歯と碇身の一部があり、両側から挟板を打ちつけた状態で発見された。

とり付けた状態でみつかった実物資料はなかった。これに対して発見された木製椗は、椗身《ていしん》とその先端につけられた二本の椗歯《ていし》、および椗歯と直交する方向で椗身のなかほど左右にとり付けた碇石二個の構成がよくわかる（**図40参照**）。

四本の椗はほぼ同じ深さで列をなしてみつかり、主軸方向はいずれもほぼ南北をさす。歯先方向やみつかった状況からすれば、椗と海岸までのあいだに停泊していた船舶が沖合（南側）に打った椗と考えられる。

一九九五年度の調査では、前年度に終了できなかった地点を中心にエアーリフトによる発掘作業がおこなわれた。新たな木製椗の発見には至らなかったが、前年度に発見した木

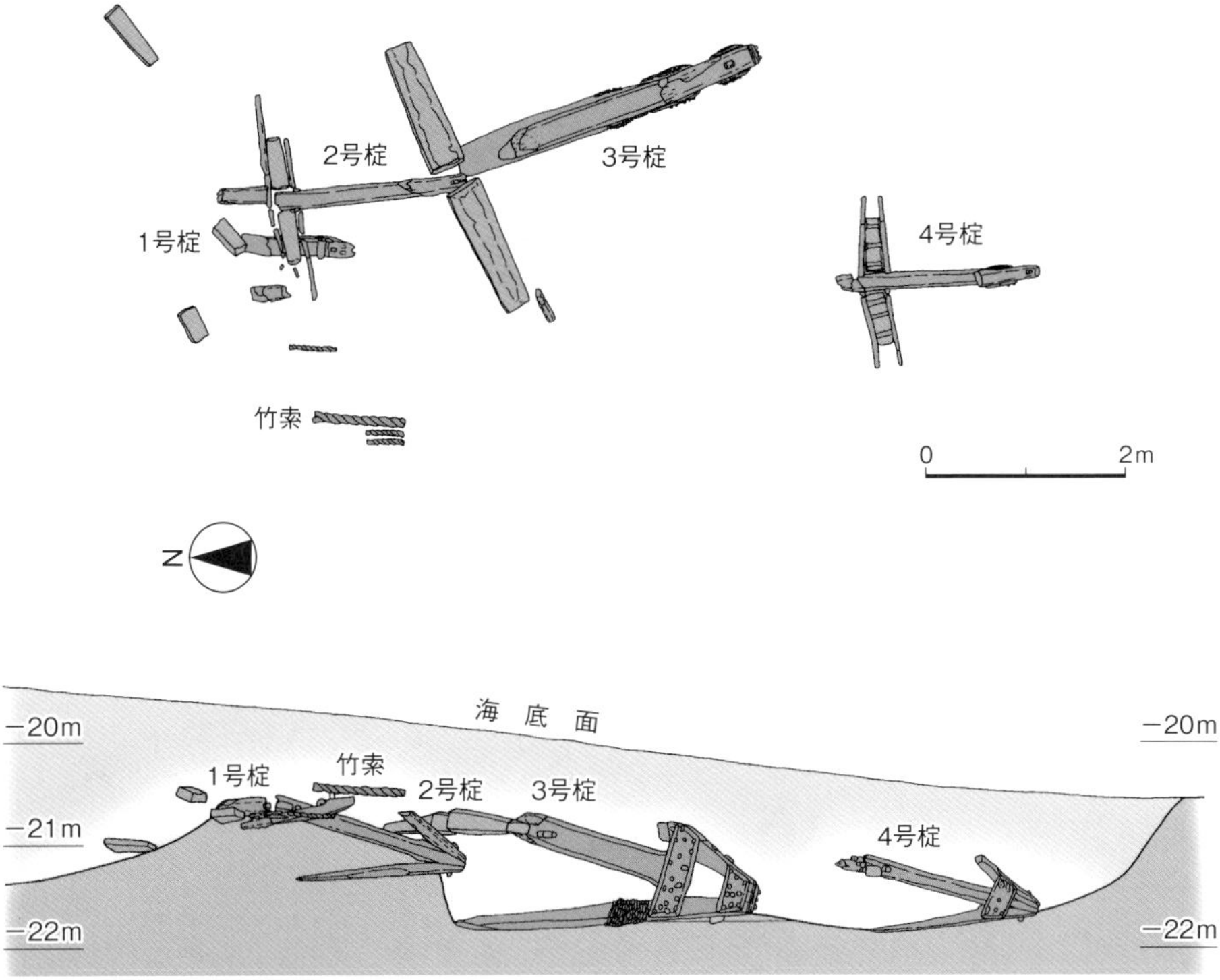

図27 ● 3号木製椗の出土状況
神崎港の防波堤建設予定地では、大型の3号椗と同じ方向をむいてならんで3本の小型の木製椗が確認されている。

製碇と同じ深さの地点から船材の可能性のある板材が発見された。このほかの出土遺物には板材・竹索《ちくさく》（竹製のロープ、**図28**）・土師質土器・土師器甕・褐釉陶器壺・褐釉陶器四耳壺・青磁筒形香炉《つつがたこうろ》・獣骨・鉄製品がある。二カ年間の調査面積は九〇〇平方メートルにおよんだ。

木製碇の保存処理

引き揚げた木製碇や板材はそのままにしておくと腐食や塩分の結晶化にともなう変質、急激な乾燥による収縮・変形の危険性があるため、早急な脱塩処理とその後の保存処理を施さなければならない。このため鷹島町教育委員会では、歴史民俗資料館に隣接して設けられた鷹島町立鷹島埋蔵文化財センター（現・松浦市立埋蔵文化財センター）に大型木製碇（三号碇）専用の保存処理装置とポリエチレン・グリコール（ＰＥＧ）含浸処理装置の二基を設置した。ＰＥＧ含浸処理とは海底で木材にしみ込んだ水分をポリエチレン・グリコールに置き換える作業である。

三号碇の保存処理は、脱塩処理後に、ＰＥＧ含浸処理と真空凍結乾燥処理の順におこなわれ、一般公開までに約一四年五カ月を要している（**図29**）。

図28 ● 3号碇にともなって発見された竹索
3号碇の碇身と碇歯は竹索（竹で編んだロープ）でしっかりと固定されていた。

引きつづく調査

さて、この発掘調査の終了後も、神崎港の改修工事にともなって、工事着手に先立つ事前調査がおこなわれた。

二〇〇〇年度の発掘調査では、これまでの海底に堆積したシルト層の上位をあらかじめ浚渫グラブによって除去する方法ではなく、シルト層上面からエアーリフトを用いてていねいに掘削する方法が採用された。その結果、さきに第Ⅰ層としていた暗褐～暗褐灰色砂層は第Ⅰ層灰色細砂層、第Ⅱ層オリーブ黒色砂質シルト層、第Ⅲ層灰色砂層、第Ⅳ層貝殻破片を主体とする砂層に細分されることが明らかとなった。細分化した第Ⅳ層の下位が遺物包含層になる。ただし、調査区域は埋没谷の斜面にあたることから、地点によって層序・層厚のちがいがみられる。

出土遺物には船の部材の一部と考えら

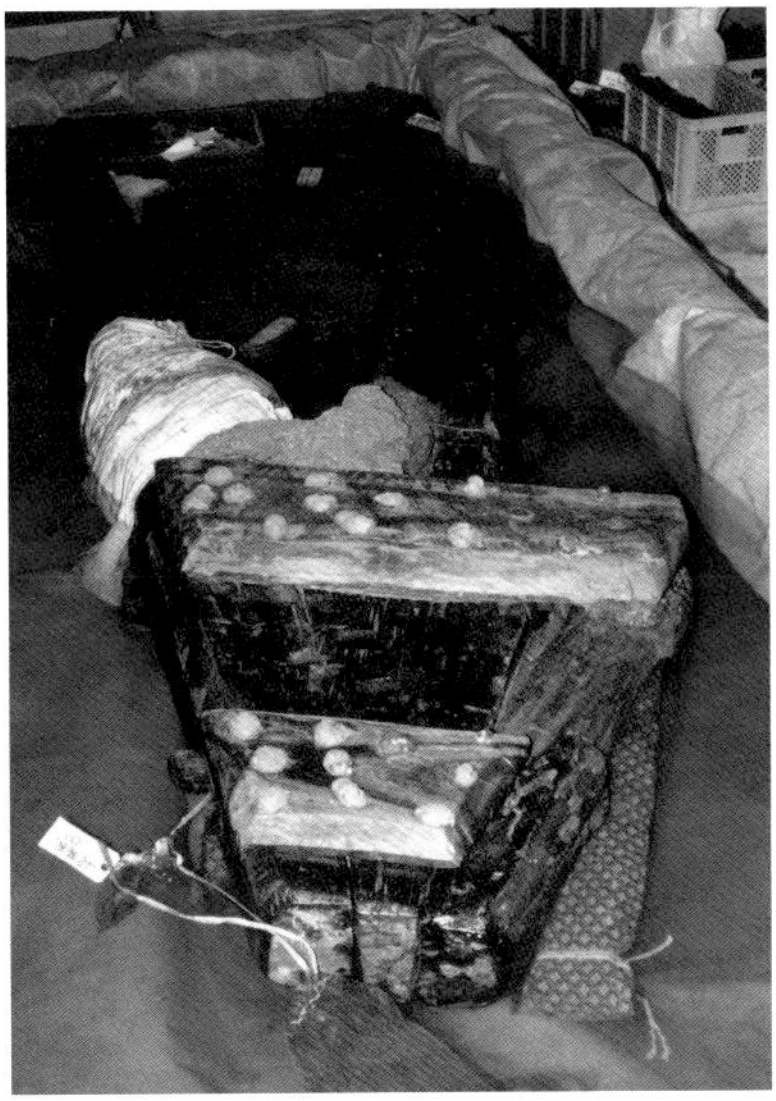

図29 ● 引き揚げた3号椗（上）と保存処理後の展示の様子（下）
海底から引き揚げられた後、十数年をかけて保存処理がおこなわれ、現在は展示公開されている（松浦市立埋蔵文化財センター展示室）。

れる大型木材、漆喰や炭化物の付着の痕跡が認められることから竈《かまど》を作った資材の可能性がある磚、元軍兵が身に着けていた青銅製の帯金具《おびかなぐ》（**図30**）や武器の矢《や》（箭《や》）束《たば》（胡簶《ころく》）のなかに入れた状態で固まった鏃《やじり》と矢柄《やがら》の束、**図31右**）、青磁碗・白磁碗・天目碗《てんもくわん》・高麗青磁・褐釉陶器壺・褐釉陶器四耳壺などの陶磁器類がある。

つづく二〇〇一年度の発掘調査では、防波堤の基礎部分の九二五・五平方メートルを調査対象面積としたが、遺物が豊富に出土したことからほぼ半分の面積を調査した時点で終了し、残る未調査地区は次年度に期間を延長して実施することになった。このため、とり上げることができなかった木製品はフナク

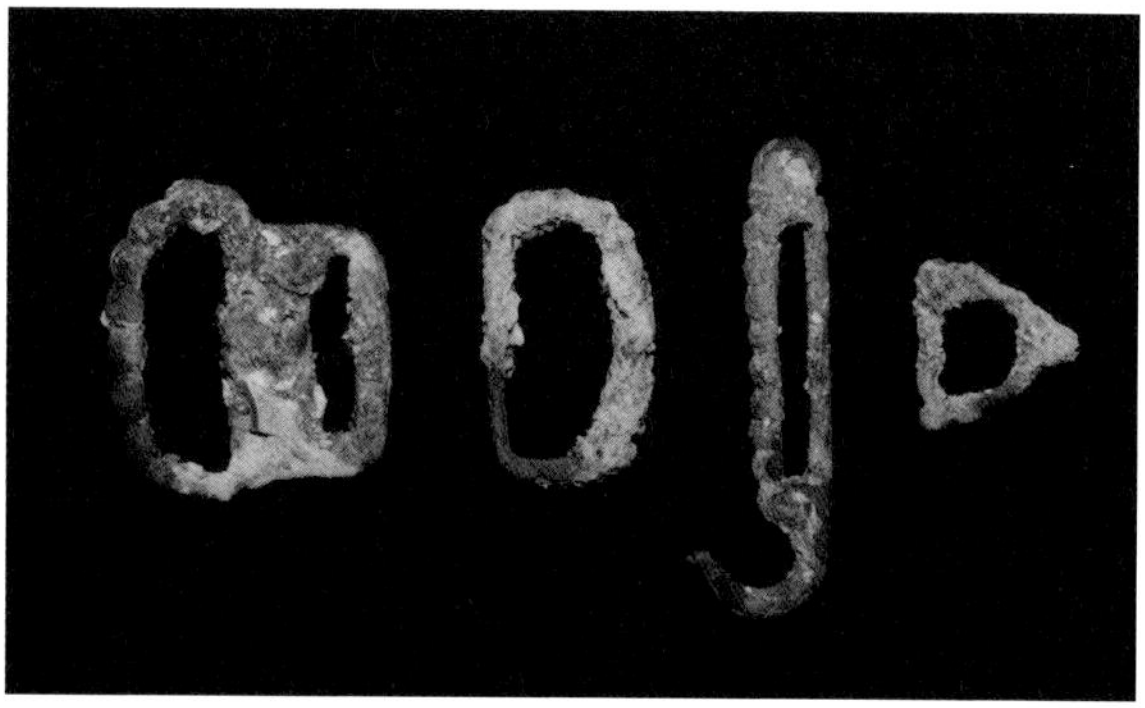

図30 ● 出土した帯金具（2000年）
元軍兵が身につけていた帯金具で、左は鉸具（かこ）といわれるバックルで、連珠状飾りがある。

図31 ● 出土した福禄壽昌（厭勝銭）と矢束（2000年）
厭勝銭は縁起物や護符としてつくられた非実用銭であり、矢束は胡簶（ころく）のなかに保管されていた状態でみつかっている。

イムシやキクイムシなどの被害から守るために銅製の網でおおい、潮流や波で銅網《どうあみ》が動かないように砂を入れた土嚢《どのう》で押さえて保全を図った。

出土遺物は、船の部材と考えられる加工痕のある板材や鉄釘が打ち込まれた板材、碇石、矢束・「てつはう」・刀・鎧《よろい》の小札《こざね》などの武器類、青磁碗・白磁碗・鈞窯系《きんようけい》青磁鉢・褐釉陶器壺・褐釉陶器四耳壺などの中国産陶磁器、磚、厭勝銭《えんしょうせん》の福禄壽昌《ふくろくじゅしょう》（**図31左**）・銅匙《どうさじ》（**図49参照**）・銅鍋《どうなべ》・帯金具などの青銅製品がある。

二〇〇二年度の発掘調査は、前年度調査終了後におこなわれた工事によって調査区に再堆積したシルトの除去作業から開始した。前年度に陶磁器を中心とする遺物が多く出土した地区からはじめ調査区全体を掘り下げた。すると陸側の出土遺物が陶磁器中心に限られていたのに対して、沖側は陶磁器のほかに船材・鉄製品・銅製品・漆製品などが面

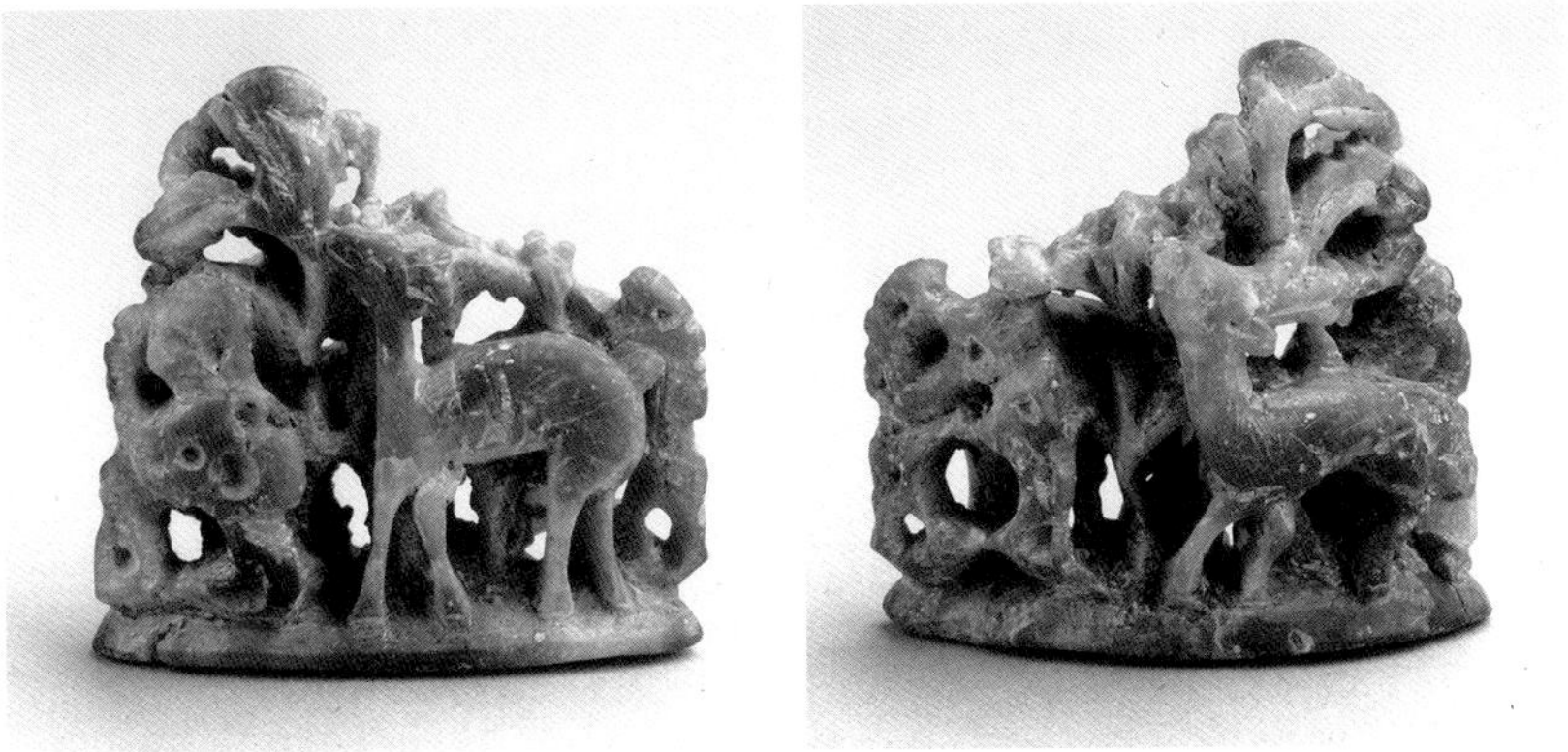

図32 ● 白玉製獅子像（上）**と青玉製雌雄鹿像**（下）
白玉製獅子像（高さ3.3cm）や青玉製雌雄鹿像（高さ3.45cm）は元の高官の冠帽の飾りに用いられている。

的に出土した。時間的な制約から調査の終盤には、大型木製品と隔壁《かくへき》（仕切り）板材周辺を中心に実測し、そのほかの遺物は出土地点の記録にとどめている。

水中での発掘調査では、海底での作業時間が制約されることから、陸上の調査にくらべて遺物出土状況図の作成に多くの時間を要する。そこで実測時間の短縮を目的に水中写真測量による図化作業を試みたが、透明度が低いため、狭い範囲しか撮影できないなど多くの問題があり、最終的には人力による実測にはおよばない結果となった。

この調査では構造船の船材と思われる隔壁梁材《はりざい》がみつかるとともに、青玉製《せいぎょくせい》雌雄鹿像《しゆうしかぞう》・白《はく》玉製《ぎょくせい》獅子《しし》像《ぞう》（図32）・石硯《せっけん》といった石製品と多くの文字資料が出土した（図33）。軍船の船体そのものの出土はなかったが、船の部位の特定が可能な隔壁梁材と外板は、元軍使用の船の復元にとって重要な資料となっている。

図33●銘文のある漆塗り弩弓破片
「□元年殿司修検視訖官（花押）」の朱文字があり、南宋の兵器を元が接収したことを示している。

「鷹島海底遺跡調査指導委員会」の設置と活動

二〇〇六年一月一日に伊万里湾に面した松浦市・北松浦郡鷹島町・福島町が合併し、新「松浦市」が誕生した。これにともない松浦市教育委員会では、合併前の鷹島町がおこなっていた鷹島海底遺跡調査を継承して、新たに「鷹島海底遺跡調査指導委員会」を設置し、水中考古学および保存科学の専門研究者の助言をえた調査研究を進めている。

二〇〇六年度には、鷹島海底遺跡の価値を理解し郷土の歴史や文化を再認識する場の創設に努めることを基本方針として「松浦市鷹島海底遺跡保存活用方針」を策定した。基本方針では「遺跡の価値を理解し、守ります」「遺跡を究め、伝えます」「遺跡の価値を活かし、招きます」の三点の行動計画を掲げ、松浦市が「水中考古学の拠点」を目指すことを謳っている。

国史跡の指定

これまでの鷹島海底遺跡から出土した遺物は、弘安の役で沈没や座礁した船の船内で使用されたものであり、元軍のものである可能性が高かった。それはいまから七〇〇年以上も前の出来事であり、時期が確認できる海難事故の痕跡が残っているという世界史的にも稀なことである。そこで松浦市教育委員会は二〇一一年七月、鷹島海底遺跡のうち多くの遺物が出土した神崎港を中心とする東西一・五キロ、海岸から二〇〇メートルの海域約三八万四〇〇〇平方メートルを、国史跡に指定するように文部科学大臣に意見具申書を提出した。

そして、二〇一二年三月、蒙古襲来にかかわる戦場跡として当時の軍事や外交などを理解するうえできわめて重要な遺跡であると評価され、「鷹島神崎遺跡」の名称で水中遺跡としては国内初となる国史跡に指定された（**図50参照**）。

4　海底の下をさぐる

伊万里湾に潜る

弘安の役の際、暴風雨にあって壊滅した元軍船団が伊万里湾の海底に沈んでいることは元軍船の積荷と考えられる中国産陶磁器が鷹島をはじめとする漁業者の網にかかって引き揚げられてきたこともあり、だれもが想定したことであった。

しかし、伊万里湾は東西約一三キロ、南北約七・四キロ、面積約一二〇平方キロにものぼる広さを有し、最大深度は約五六メートルにおよぶことから、海底に埋もれている元軍船をさがし、弘安の役の実態を解明する作業にはなかなかとりかかれなかった。すでにみてきたように、水中考古学研究への関心の高まりと潜水機材の汎用化とともに、弘安の役で伊万里湾に沈んだ元軍船団への関心が高まるなかで調査の扉が開かれていったのである。

実際に伊万里湾へ潜水してみると、湾内の潮流は緩やかであり、水中でじっとしていると、少しずつ海水が流れるのを感じる程度である。このことは周辺の陸地から伊万里湾に流れ込む水田や畑作地からの泥土は湾内に滞留しやすく、泥土に起因するシルト質の堆積層が海底に形成される要因となる。

滞留した泥土はしばらく海面近くを漂い、外海との海水交換によって湾外に流れ去るか、緩やかに海底へ降り積もる。このため海面近くでは透明度が低いようにみえても、海水面から五メートル程度潜ると濁りが少なくなり、視界が五～一〇メートルまで確保できることもある。

ただし、大雨の後は全体的に泥土が滞留し、透明度は一気に低下する。

海水の透明度は季節によっても変化し、一般的に夏場は透明度が低く、冬場は高くなる傾向がある。また、晴天の陽光が降り注ぐ晴れ間は海底全体が明るくなり、曇天の日は全体が暗く沈み込む。

伊万里湾の水温は夏場では二五度前後まで上昇し、冬場は一〇度を下まわることもあるが、氷結することはない。夏場の潜水は海水が浸入するウェットスーツを使用する。この場合、調査船の上で太陽の光を浴びるよりもむしろ水中のほうが心地良さを感じることもある。これに対して冬場の潜水の場合は、ウェットスーツではスーツ内に浸入する海水の冷たさとともに、海面に浮上した後の風の寒さが耐えられない。このため冬場は海水が浸入しないドライスーツを着用するが、それでも雨天や降雪の日の潜水後の風には身を切る冷たさがある。

海底発掘調査の困難

伊万里湾での水中発掘調査では、陸上での発掘調査のようにスコップや移植ゴテを用いることはなく、海底の泥土を横移動させる水中ドレッジという道具を用いて掘り下げていく（図34）。

水中ドレッジは、口径一〇センチ、長さ一〇～一五メートルほどのホースを海底に持ちこみ、ホースのなかほどに調査船上のポンプで吸い上げた海水を流しこんで水流をつくりだし、ホースの片方を吸い口、もう一方を吐き出し口とする構造である。潜水士が掘り下げなければならない調査区にホースの吸い口側を持ち込んで、両手で泥土を吸い込むように上下動させると、調査区外に置いた吐き出し口側から泥土が排出されることになる。

当然、吸い口や吐き出し口の周辺ではシルト質の泥土がまきあがり、最悪の場合、周辺の視界は自分の手さえみえなくなる。こうしたときには調査区に打った基準杭となる鋼管にロープでくくりつけた海面のブイから、ロープをたどって海底まで潜水し、調査区をかこったガイドラインのロープや水中ドレッジのホースを手でたぐりながら、掘り下げを進めている吸い口や吐き出し口まで移動することとなる。

調査中の作業現場では調査状況をつねに頭のなかに入れたうえで潜水にのぞむが、舞い上が

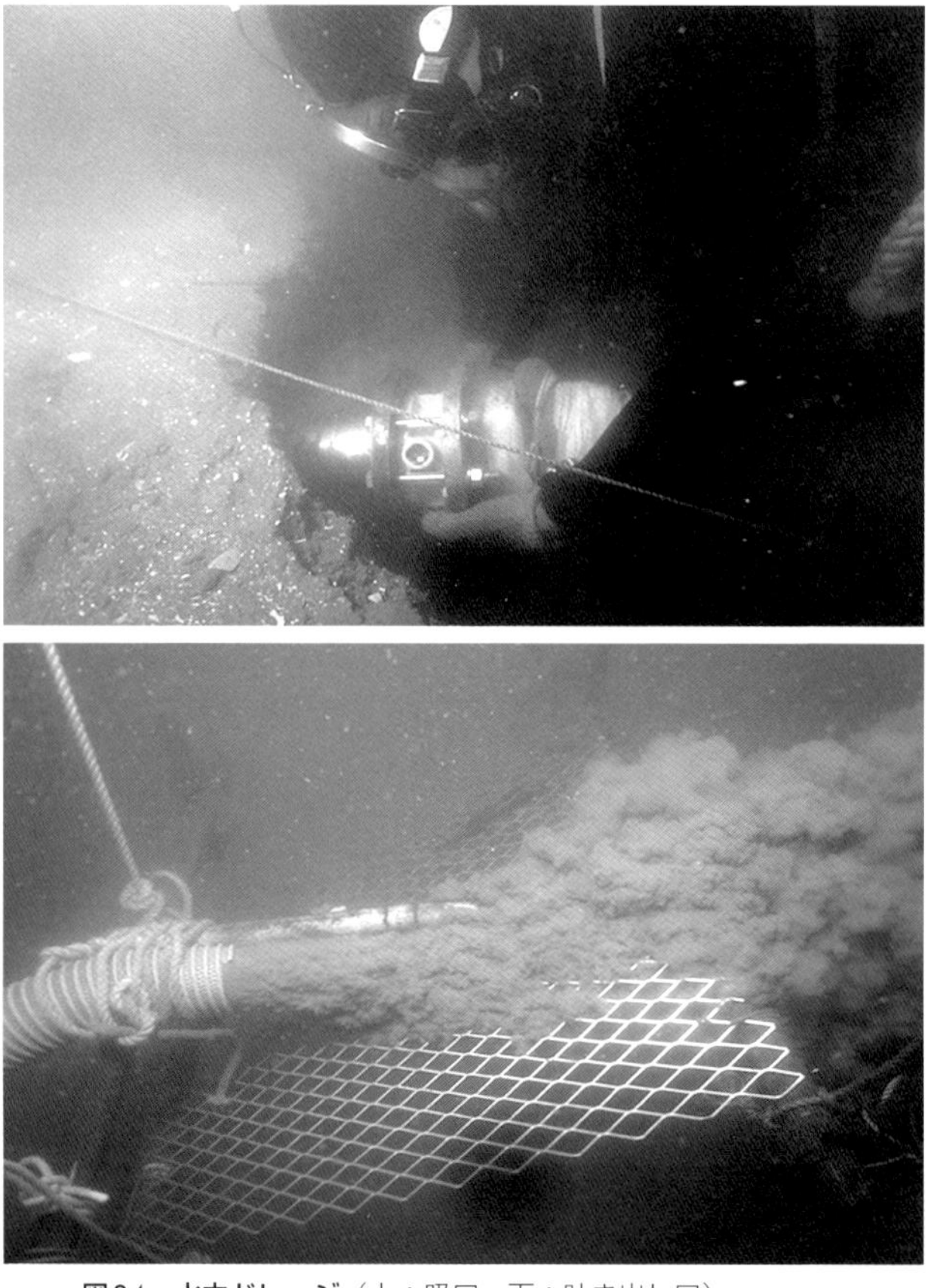

図34 ● 水中ドレッジ（上：吸口、下：吐き出し口）
水中ドレッジは海底に設置したホースに調査船上から海水を流し込む勢いを利用して泥土を掘り下げる仕組みである。

った泥土であたりがまったくみえないなかでの作業は、心のなかに湧き起こる恐怖感との闘いでもある。このときばかりは知らず知らずのうちに呼吸が荒くなり、背中に背負った空気タンクの空気残量がみるみる少なくなっていくことで、また新たな恐怖感が呼び起こされる。水中での作業はつねに平常心を保つことの難しさをつくづく思い知らされる場なのである。

なお、潜水作業は海面からの深度によって潜水時間の制限があり、およそ二〇メートル以浅では四〇分程度、三〇メートル以浅では三〇分程度で浮上することが求められている。また、浮上する際に水深六メートルや三メートルの位置で一定時間停止するが、作業中の潜水時間が制限時間を超過した場合には、さらに一定の停止時間が加わることになる。

これは潜水病対策のためであり、決しておろそかにはできない。水中考古学調査はこのような水中での作業の過程で起こるさまざまな状況変化に対して、冷静に対応できる能力を習得することが求められる。事故を防ぎ、調査を安全に進行するためには調査にかかわるすべての個人の経験と能力がかぎりなく重要なのである。

海上から海底の地形と地層をさぐる

鷹島海底遺跡の調査が日本の水中考古学にとっての重要な調査であることは研究者の共通認識となっている。このため、鷹島海底遺跡での水中調査が計画されると、多くの研究者や学生が見学に現地を訪れる。

このなかで、一九九四・九五年度におこなわれた神崎港防波堤建設にともなう発掘調査では、調査の指揮をとっていた荒木伸介氏の了承のもとに、琉球大学の大学院生が参加する機会を得ていた。このため、教員である筆者（池田）も見学に出むくとともに、一九九六年三月に刊行した調査報告書の作成にもかかわることになった。

その後、筆者は、二〇〇三〜〇七年度に採択された科学研究費特定領域研究「中世考古学の総合的研究」において、「中世東アジアの交流・交易システムに関する新研究戦略の開発・検討」を課題に掲げて参加する機会があり、その一環として鷹島海底遺跡における蒙古襲来の実態解明のための調査研究を企画した。

研究の端緒は音波探査装置だった。二〇〇四年一〇月に「東アジアの水中考古学」をテーマとした国際シンポジウムを開いた際、根元謙次東海大学海洋学部教授と面談する機会があり、海底地形や地質調査に用いる最新の音波探査装置が鷹島海底遺跡の調査に有効である可能性をうかがった。

そこで二〇〇五年度に、鷹島町の協力を仰ぎながら、東海大学が所有する海底地形探査装置

図35 ● 音波探査装置（SES2000）艤装中の様子
地元漁船を借り上げて調査船に仕立て、探査機器を積み込む。ほぼ丸1日を要する。

（シーバット）と海底地層探査装置（ストラタボックス）で海底の地形と地層を試験的に探査した。その結果、両音波探査装置で取得した海底地形および海底地層に関する情報は蒙古襲来の実態解明に有効であることを実感した。

その後は新たな科学研究費補助金による研究「長崎県北松浦郡鷹島周辺海底に眠る元寇関連遺跡・遺物の把握と解明」を立ち上げ、根元教授が勤務する東海大学海洋学部の学生とともに鷹島海底遺跡を含む伊万里湾全域の海底地形および海底地層にかんする音波探査を継続し、一帯の詳細海底地形地図と地層断層図の作成を進めてもらうことにした。なお、この際、海底地層探査装置に加えて、高分解能地層探査装置（通称SES2000）を新たに導入した（図35）。

SES2000の特徴は海底に発信する音波の指向（発信）角度が一・八度であり、ストラタボックスの六〇度にくらべてきわめて狭い範囲を詳細に分析できることにある（図36）。ストラタボックスを用いて広範囲にわたる約五〇メートルおきの地層情報を取得した後、その分析で異常な反応がみつかった地点について、SES2000を用いた五〜一〇メートル間隔の詳細地層情報の

図36●音波探査装置（SES2000）
左：船側に艤装する発受信装置、右：探査機器本体。SES2000は音波の発信角度が1.8°と狭く、詳細な海底地層情報の探査に効果を発揮する。

取得を図ることにしたのである。SES2000の導入以後、前者のストラタボックスによる探査を「概査」、後者のSES2000による探査を「精査」とし、前者は主に松浦市教育委員会、後者は主に科研費チームで担当する協力体制を整えた。

元軍船は海底に露出していない

伊万里湾全域を対象とする海底地形および地質情報取得調査は二〇一〇年度にやっと終了した。完成した伊万里湾の海底地形および地質情報図（図37）の分析によって、伊万里湾には海底面に露出した状態で残る元軍船は存在しないことが判明した。

後でわかったことであるが、海底面に露出した元軍船は、木材を好むフナクイムシが蚕食《さんしょく》しつくしてしまう。元軍船が残っているとすれば、フナクイムシが生息できない無酸素の状態となる海底面から約一メートル以下の堆積土中しかないのである。したがって、元軍船を含む蒙古襲来関係遺物をみつけるためには、音波探査で作成した海底地層情報の分析にもとづいて、海底での発掘調査をおこなわなければならないこととなる。

この海底地層情報の分析作業にとり組んだのは根元教授の下で学んだ

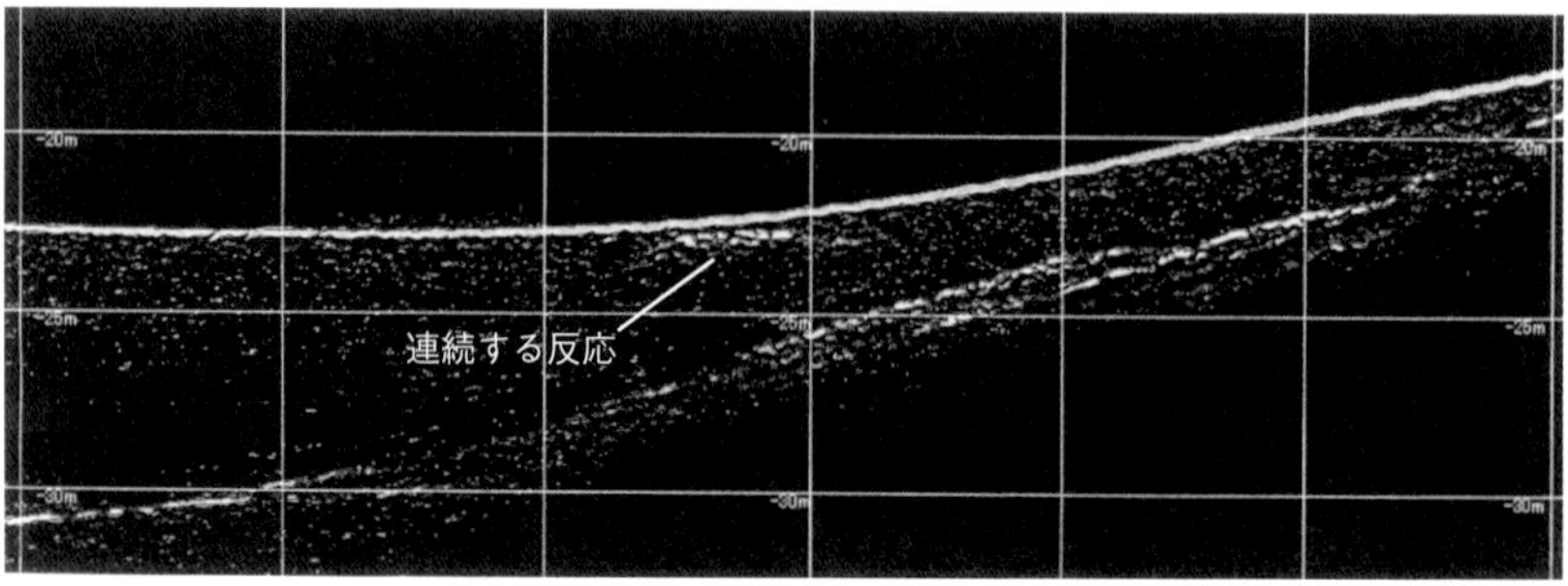

図37 ● SES2000による鷹島1号沈没船の音波探査反応図
黄色くみえる海底面と黄褐色の基盤面のあいだに海底面直下の連続する反応がみられる。発掘の結果、これが鷹島1号沈没船であった。

滝野義幸さんだった。滝野さんは海底地層情報を取得する際に音波探査装置の周波数を変えたり、借り上げた調査船を海底の地形変化に合わせて航行させたりして、海底地層情報の詳細化を図った。そして、海底地層中にあらわれた音波反応を大きく九つに分類したうえで、元軍船を含む蒙古襲来関係遺物である可能性が高い反応順に提示した。

ついに元軍船を発見

そこで、滝野さんが示したもっとも可能性が高い反応があった、神崎港から西へ約七〇〇メートル、海岸から約二〇〇メートルの地点で、約五メートル四方の調査区を設定して試掘調査をおこなった。その結果、調査区全体に木材がならび、その上には中国産の磚（建築用のレンガ）が散乱する状態を確認したのである（**図38**）。

この木材のならびや磚の存在は元軍船であることを示すと思われた。しかし、発掘した調査区が狭かったうえに予算がつきたこともあり、調査区を拡張した追加発掘ができず、元軍船であることを明確に確認でき

図38●鷹島1号沈没船の調査風景
鷹島1号沈没船の調査では水中ドレッジを使いながら、少しずつ掘り下げを進めた。メジャーの下に白くみえるのは、竜骨（手前）と外板（奥）のあいだに塗られた漆喰。

なかった。

このため、研究チームでは元軍船であることを確認するための発掘調査を継続しておこなうために、新たな「水中考古学手法による元寇沈船の調査と研究」（二〇一一～一五年度科学研究費基盤研究（S））を組織し、引きつづき調査研究を進めた。

二〇一一年一〇月、前年度の調査区を拡張した確認調査を実施し、東西約一八メートル、南北約八メートルの範囲に残る沈没船の船底部を発見した（図39）。また、周辺からみつかった中国産磚や陶磁器などの特徴から本船が蒙古襲来の際の元軍船であることが確実となった。

この元軍船発見のニュースは新聞、テレビなどのマスコミ各社によって大きく報道され、全国的な関心をよぶことになった。

図39●姿をあらわした鷹島1号沈没船
左側に竜骨があり、右側に外板材がならんでいる。外反材の中央に隔壁材を据えた痕が残る。

第４章　みえはじめた元軍の痕跡

１　木製椗の発見

鷹島海底遺跡が蒙古襲来に関係する遺跡であることを多くの人びとに知らしめた遺物は「管軍総把印」である。「管軍総把印」発見の経緯はすでに紹介したが、これを契機として地元の鷹島町では、鷹島周辺海域から採集した蒙古襲来関係遺物と思われる資料について、住民への情報の提供を求めた。

これに応えて、住民からは壺や甕、碗などの中国産陶磁器をはじめ、石臼や石製おもり、石球《せっきゅう》など多くの遺物が持ち寄られた。現在、松浦市立埋蔵文化財センターガイダンス施設の展示資料のなかにはこのときに持ち寄られた遺物が多く含まれることは前述したとおりである。

その後、鷹島海底遺跡では複数回の水中発掘調査がおこなわれ、元軍にかかわるさまざまな遺物が発見されている。そのなかでも神崎港でおこなわれた発掘調査で出土した遺物は、これまでの蒙古襲来研究を大きく進展させる内容に富んでいる。

その一つは一九九五年度におこなわれた調査で検出した木製碇である（図26・27参照）。合計九本の木製碇が確認されており、一～四号は発掘調査中に、五号～九号は浚渫中に、八号は碇石のみの検出、九号は碇の本体である碇身と海底に打ち込むための碇歯のみで、碇石は未確認である。検出した碇石の総数は一六個にのぼる。

このなかで最大の三号碇（図40）は碇身材、碇歯材、碇石、竹索からなり、碇身材は一辺三〇センチの角材（樹種はアカガシ亜属）を使用し、先端からの長さ二七四センチまでが残存する。碇身材の両側に長さ一三〇センチあまりの碇石をほぼ左右対称に一個ずつとりつける。

ならんで検出された二号、四号碇を参考にすれば、碇石を上下からはさむように直径四～五センチの丸太材を用いた碇檣《ていたん》を碇身材に通し、碇檣ではさんだ碇石を竹索で縛って固定している。また、碇身材と碇歯材の接合部分には両側からはさむ台形状の挾板《はさみいた》（樹種はともにクスノキ）を上下に二枚配置していた。上段の挾板は幅八〇×一〇〇センチ、厚さ四センチ、下段の挾板は幅二五×五〇センチ、厚さ五センチであり、鉄釘で碇身材と碇歯材に打ちつけて固定している。碇身材と碇歯材の接合部分近くには枘《ほぞ》穴がうがたれ、楔《くさび》や梱《こん》（樹種はアカガシ亜属）をはめこんで固定している。碇身材の先端部にも幅二二×三二センチ、厚さ四センチほどの板材（樹種はクスノキ）を鉄釘で打ちつけている。

碇歯材には巻きつけられた状態の竹索が残存しており、碇身材と二枚の碇歯材に巻いて補強している。復元した三号碇の大きさは全長約八メートルとなり、これから検討すると、この碇

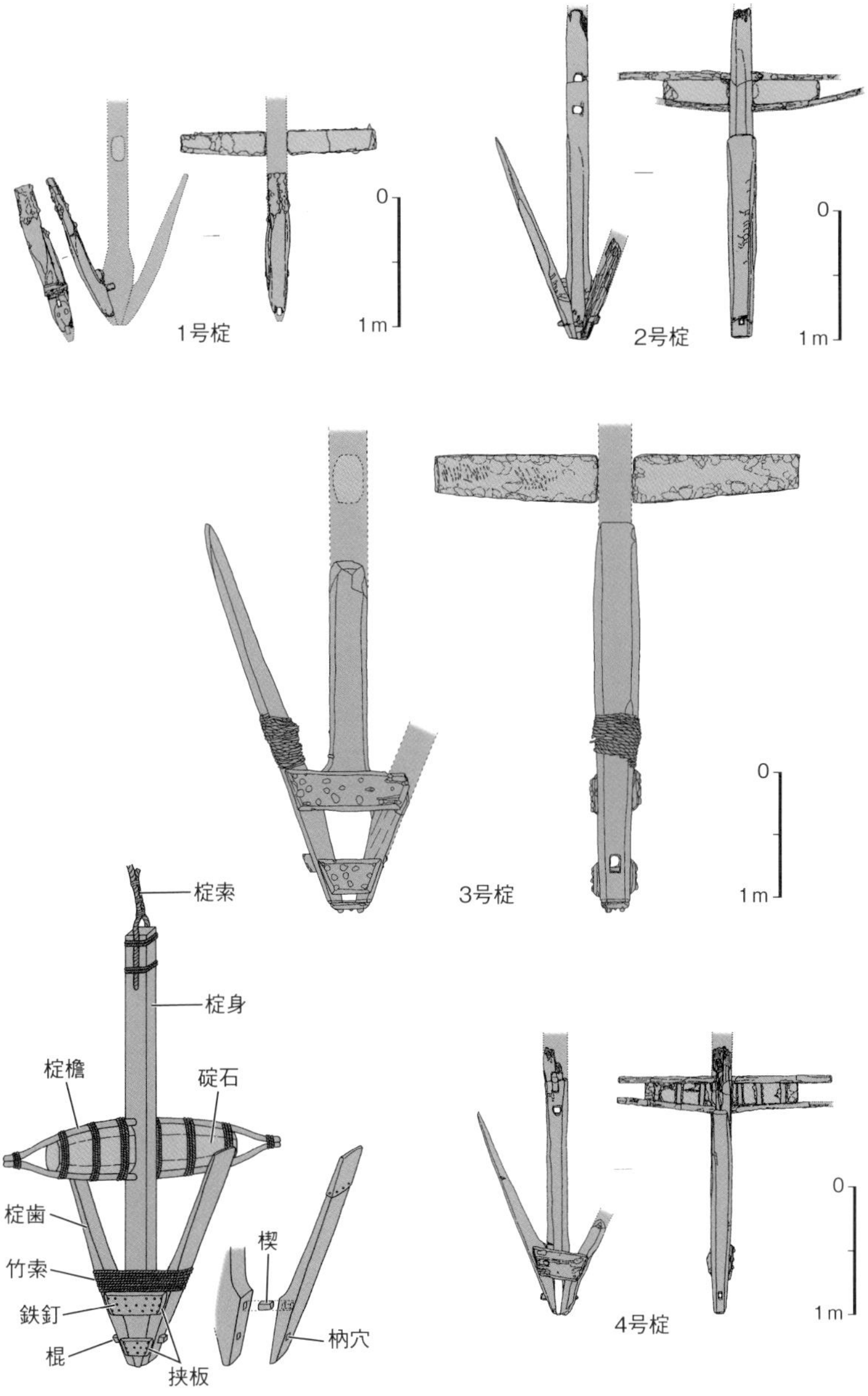

図40 ● 碇の実測図と模式図
海底に打ち込まれていた3号碇の碇歯の長さは3.15m、
碇身材は一辺30cmの角材を用いている。

を装備していた元軍船の全長は四〇メートル級の船舶であったと推測されている。

このときの調査で出土した木製碇は二個の碇石をとりつけた二石分離型の構造であり、従来「蒙古の碇石」と伝えられる長さ二〜三メートルの角柱状の一本石でつくられた「博多湾型碇石」とは形態上の差異が明確であることから、新たに「鷹島型碇石」と命名されている。

これらの木製碇がみつかったことで、元軍船に装備された碇の大きさと構造の把握が可能となり、これを使用した元軍船の大きさや種類を考えるための画期的な発見となった。

なお、碇石の石材は花崗岩《かこうがん》製のものが多く、名古屋大学年代測定総合研究センターにおいて産地を特定するための測定をした。その結果、中国南東部の泉州付近で産出される優白質アルカリ花崗岩であることを確認している。フビライは征服した旧南宋の領土の揚州《ようしゅう》・湖南《こなん》・贛州《かんしゅう》・泉州《せんしゅう》の四省に対して、一二七九年二月に日本遠征用の軍船六〇〇艘の建造を命じた（『元史』世祖本紀）ことを前述したが、三号碇碇石の産地同定結果は軍船の建造地が泉州であった可能性を強く暗示している。

2 「てつはう」の正体

つぎに注目を集めたのは『蒙古襲来絵詞』のなかに登場する炸裂弾《さくれつだん》と考えられる「てつはう」（てつぽう）の実物である（図41）。二〇〇一年度におこなわれた神崎港での発掘調査でかなりの数が出土したほか、後述する鷹島一号沈没船の竜骨（キール）材の上からも確認されている。

「てつはう」は直径一五センチ前後の球状の焼き物で、なかは空洞となっており、上端部に直径四センチほどの開口部がある。器壁の厚さは一〜二センチで、全体に厚ぼったく、焼成は良好であるが、土質は粗い。

なかが充塡された状態で採集されていた資料があり、九州国立博物館の協力を得てX線CTスキャン装置で映像を撮影したところ、内部に鋳鉄片《ちゅうてつへん》（鉄鍋などの口縁部破片）や陶器片が詰められていた（**図42**）。詰め口付近には繊維質の素材が付着した痕跡もみられ、導火線あるいは有機物の内蓋があったと考えられる。鋳鉄片や陶器片とともに内部には火薬が詰められており、点火されると球状土製品が破裂し、鉄片と陶器片が周辺に飛び散って強い殺傷能力を発揮したことが推測される。

『蒙古襲来絵詞』に採録された文永の役の様子を描いた絵のなかに、博多湾に上陸した元軍兵に向

図41 ● 出土した「てつはう」
「てつはう」には海底で貝殻が付着した状態や割れた状態で出土したものがある。

かって乗馬した竹崎季長が対峙する場面があり、元軍兵と乗馬した竹崎季長のあいだで「てつはう」と注記された球状の物体が破裂している状況が描かれている（**図4参照**）。これは元軍が使用した炸裂弾であり、竹崎季長はその実物をみて、絵に残したと考えられる。

なお、絵には描かれていないが、「てつはう」使用の際には手投げ用の投弾具あるいは大型の投石機などを使って攻撃に用いたと推測される。鷹島海底遺跡から出土した球状土製品の存在は『蒙古襲来絵詞』に描かれた内容を遺物によって実在証明することになったのである。

このほか、鷹島海底遺跡からは刀剣や槍、弓矢、弩弓《どきゅう》、甲冑《かっちゅう》などの武器・武具類のほか、陶磁器や石製品にさまざまな金具や匙、碗などの食器、銅銭、擬宝珠《ぎぼし》（**図43**）などの青銅器、鉄釘や工具などの鉄製品、椀や櫛などの漆製品、仏像や木印などの木製品、竹や植物繊維による編綱（竹索・ロ

図43 ● 青銅製擬宝珠
元軍船の船縁などの飾りに使われたと考えられる（下端部の直径9.3cm、高さ12cm）。

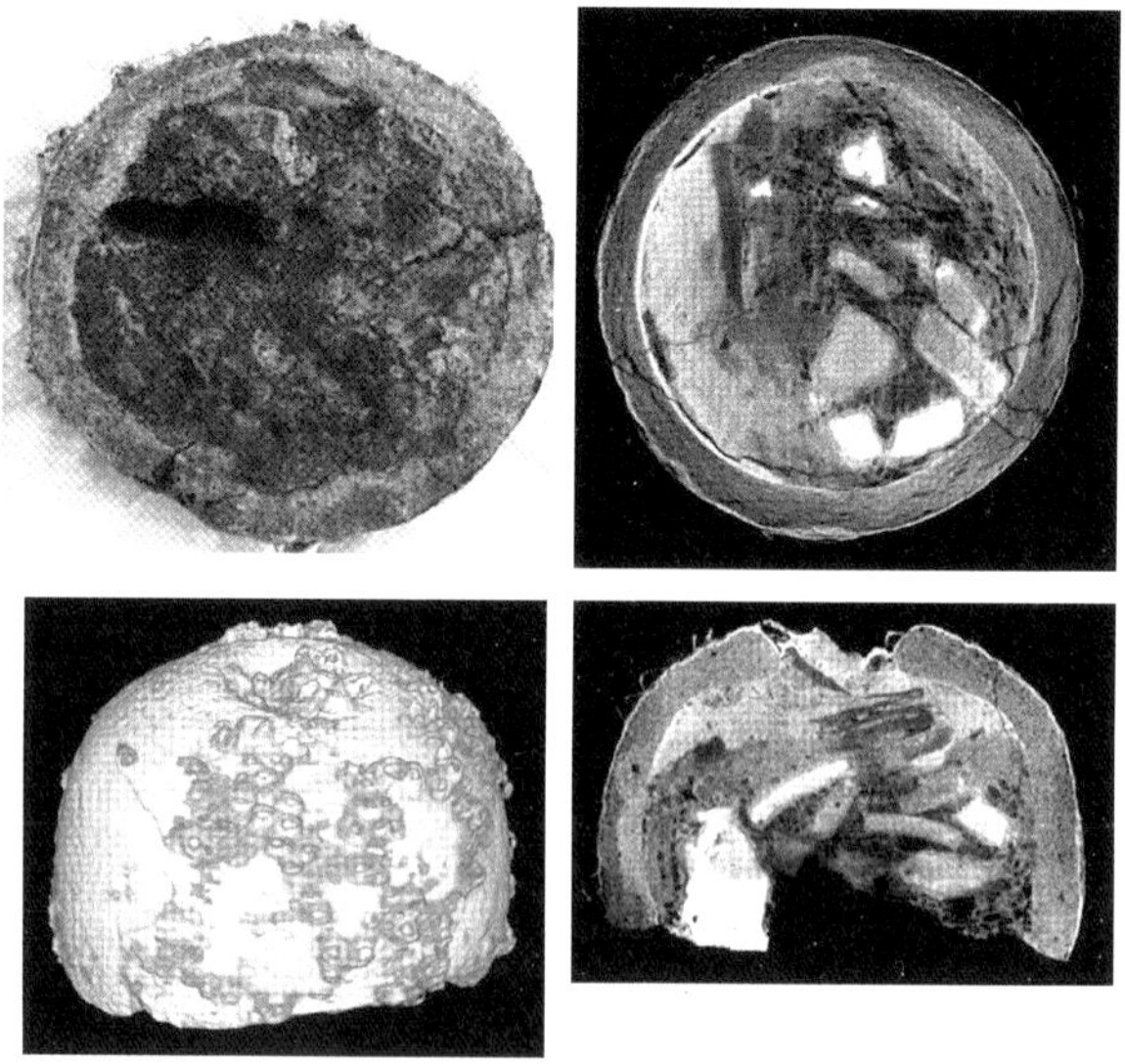

図42 ●「てつはう」のCTスキャン写真
文化財の分析研究のために導入されたCTスキャンの画像では、鉄片や陶器片がはっきりと確認できる（協力：九州国立博物館）。

ープ）、船体に用いられていた木材、調理場などで用いられたとも考えられる磚など、日常生活に用いるさまざまな遺物が出土している。

3　中国産陶磁器

海底から出土する遺物のなかでもっとも数が多いのは、中国産陶磁器とバラバラになった船体木材である。

中国産陶磁器のなかでは円筒形の胴部から口縁部が小さくすぼまり、口縁部の下に粘土紐を貼りつけてつくった輪状の耳が四個つく四耳壺の破片が多い（**図44左**）。四耳壺は胴部径一二〜二〇センチ、高さ三〇センチほどの大きさであり、なかに調味料や香辛料、酒、水などの飲料、さらには火薬の原料となる黒煙や硝煙《しょうえん》、硫黄などをいれる容器（コンテナ）として元軍船に大量に積み込まれていたと考えられる。

図44●出土した四耳壺（左）**と龍泉窯系青磁碗**（右）
四耳壺は肩部に着いた耳部に紐を通して蓋をすることができる。
龍泉窯系青磁碗は粗製品でかなり使用した痕がみられる。

四耳壺のほかに球形胴部の壺や細口壺・甕・鉢なども出土している。また、青磁碗や青磁折縁皿、青磁坏、白磁碗もあり、これらは元軍船内での食膳具として用いられたと考えられる。

青磁碗（**図44右**）には浙江省龍泉窯《りゅうせんよう》系の青磁Ⅲ類碗や河南省鈞窯系の碗がある。龍泉窯系の青磁Ⅲ類碗は粗製品であるのに対して、鈞窯系の青磁碗は高級品である。

白磁碗には口禿碗《くちはげわん》や、近年、沖縄県の今帰仁《なきじん》グスク出土遺物をもとに今帰仁タイプⅠ類とよばれる粗製碗《そせいわん》がある。龍泉窯系の青磁Ⅲ類碗や口禿碗は一三世紀中葉から一四世紀初頭前後に位置づけられる。今帰仁タイプⅠ類碗は今帰仁グスク主郭版築《ばんちく》Ⅸ層から出土しており、一三世紀後半に位置づけられる。したがって、これらの陶磁器の比定年代は弘安の役（一二八一年）の年代と矛盾しない。

このことは鷹島海底遺跡での出土陶磁器の組み合わせは、中国における一二八〇年前後の陶磁器の組成を示していると考えられ、今後の陶磁器研究では年代が明らかな標準資料として積極的に活用できることを示している。

4　ちらばる船の木材

中国産陶磁器についで多い船体木材は大小さまざまである（**図45**）。基本的には板状に加工されており、釘が打たれた痕が残る。木材の厚さは、現在の長さの単位でいえば四・五、六、九、一二、一五、一八センチなど、三センチの倍数である数値にまとまる傾向が認められる。

これは船材を切り出す際に一定の厚さを意識して切り出していたことを想像させる。ただし、幅や長さにはあまり規格性は認められない。

なお、木材のなかには船内の隔壁に用いられたと考えられる台形や三角形の木材、あるいは船腹部分に用いられたと考えられる横長木材の上下端に釘穴を残す板材、丸い帆柱状の丸太材などがある。

これらの木材はその形状から船体で用いられた部位の想定が可能であるが、後述する鷹島一号・二号沈没船以外の調査では、複数の木材が組み合わさった状態で発見される例はほとんどなかった。このため、小片となった個別の出土木材についてそれぞれの使用部位を推定することはかなり難しい状態である。

なお、木材に打たれた釘を含めて、刀剣、槍、弓矢、甲冑などの鉄製品は海水中で錆びてしまい、まったく原形をとどめない。ただし、錆が海底周辺の砂泥とともに固まり、錆膨れの状態で残っていることが多く認められる

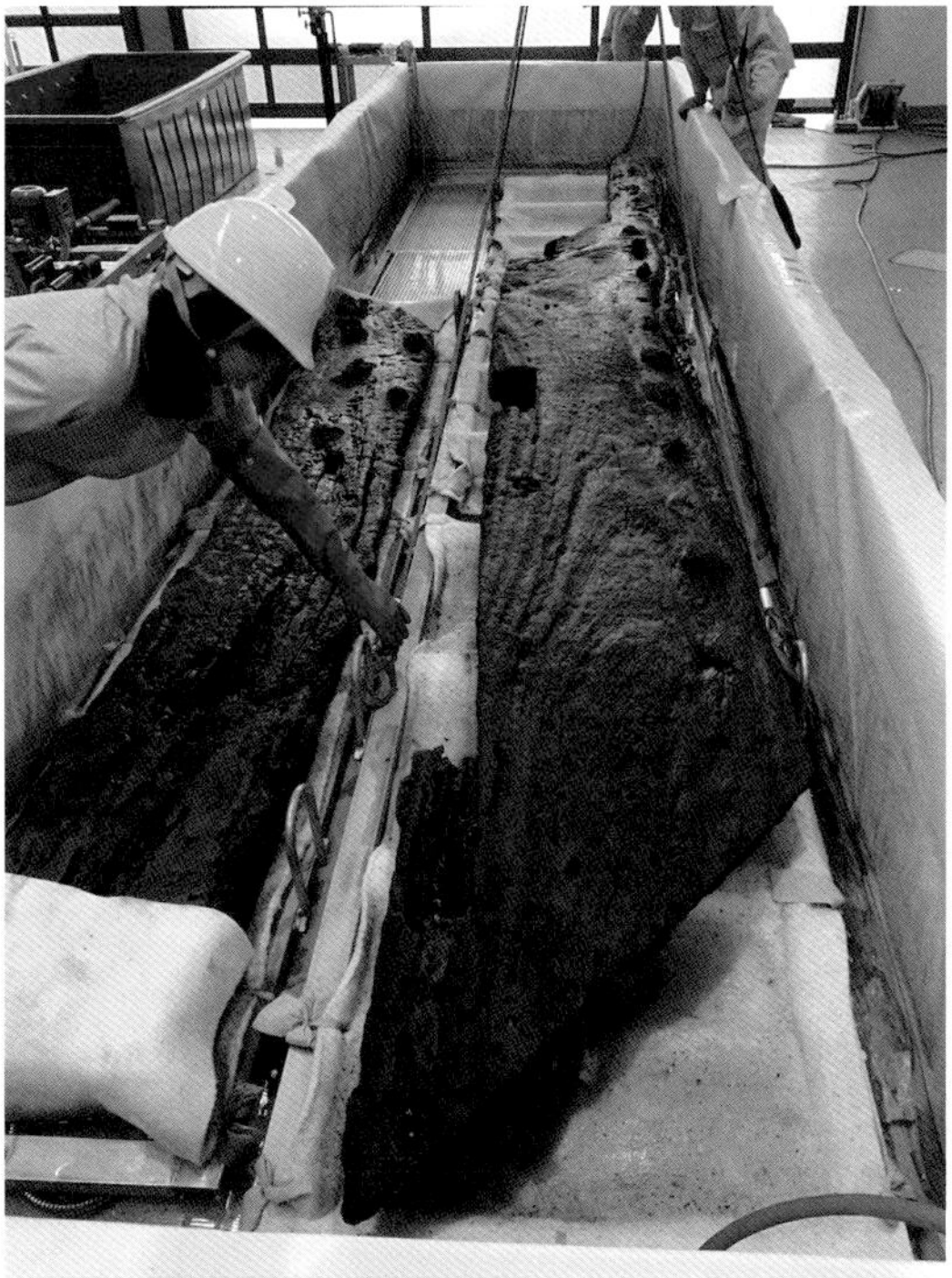

図45 ● 保存処理作業中の隔壁
大型隔壁材のなかには、現在、トレハロースを用いた保存処理作業をおこなっているものがある。

（図46）。

このような状態で残った遺物の例として、冑や刀剣、弓矢の矢束などがある。これらはレントゲン写真やCTスキャン装置を用いて画像を撮影すると、元の形についての情報を得ることができ、本来の形状や用途を知る手がかりとなる。また、木材に打たれた釘は頭の部分が錆膨れして木材に付着している場合がある。さらに、木材に打たれた釘の跡は空洞化していることが多く、これを手がかりとして鉄釘の形状（長さ、断面形態など）や釘を打った目的を知ることができる。

木質の素材に漆を施した漆製品は椀や漆塗り弓の先端部分、漆塗り弩弓の一部、甲《よろい》の漆塗《うるしぬり》皮革製《ひかくせい》小札《こざね》、長方形状の製品、櫛（図47）などが出土している。漆は海水に浸かっても劣化することが少なく、漆を塗った生地素材の木質や皮革がなくなって漆膜だけが残っていることが多い。よって、海底でみつかったときには、漆部分と素材部分が

図46 ● 刀剣の出土状況
海底から出土した刀剣などの鉄製品は、本来の鉄部分が錆化してまわりの泥土をとり込んで固まっている（写真奥より、四耳壺、刀剣、丸太材、帯金具）。

一緒になった原形をとどめる遺物としてとり上げることはかなり難しい場合が多い。

そのなかで比較的よく残った漆椀のなかには、高台の内側に「辛酉《しんゆう》四明《しめい》諸《しょ》二郎《じろう》造《ぞう》」や「庚□…南如…」「張」などの文字を漆書きしたものがある（図48）。また、弩弓の一部と思われる遺物には「□元年殿司《でんし》修検《しゅうけん》視《し》訖官《きつかん》（花押）」の文字が記された資料（図33参照）があり、これは南宋軍が所持していた武器を元軍が接収して再利用したことを示すと考えられている。

長方形状の製品はおそらくは蛇腹《じゃばら》折《お》りした経典などの表紙に用いられたのかもしれない。漆塗りの櫛は長い航海生活のなかで身だしなみを整えるために用いた道具であろう。

なお、櫛には漆塗りしない木素材のままの櫛もある。このほか、木製品としてみつかった仏像は動員された元軍兵の持仏と思われる。

青銅製品としてあ

図47●漆塗りの櫛
航海や戦闘が長引くなかで、蚤や虱の駆除を含めて櫛は兵士の必需品であったと考えられる。

図48●「辛酉四明諸二郎造」銘漆碗
銘文により、元軍船内に積まれていた漆器のなかには各地からの調達品があったことが知られる。

げたさまざまな金具は刀剣や槍などの飾り金具や、弓矢の矢を入れて持ち運ぶ胡簶の金具、調度品の金具など、いろいろな製品につけられた金具があり、なかには鍍金《ときん》や鍍銀《とぎん》が施されていた可能性がある。

匙や碗などの食器は高麗の人びとが用いた可能性がある（**図49**）。銅銭はほとんどが中国銭であるが、なかに「福禄壽昌」などの吉祥句が陽刻された厭勝銭（縁起物あるいは護符として所持、**図31左参照**）もみられる。擬宝珠（**図43参照**）は軍船の船縁《ふなべり》の手すりなどの飾りに用いられたと考えられる。

これらの遺物は素材に応じた保存処理を施した後、松浦市立埋蔵文化財センターガイダンス施設で展示公開している。また、保存処理施設で保管し、処理後の経過観察をしている。

図49●銅匙
銅匙は韓民族の食器にみられることからすれば、
高麗の人びとが用いたものかもしれない。

第５章　元軍船を発見

１　鷹島一号沈没船

一号沈没船の発見

鷹島一号沈没船は鷹島南海岸最奥部に位置する黒津浦の海岸線から沖合約二〇〇メートル、水深約二三～二五メートル、海底面から一メートルほど掘り下げた位置に埋もれていた（図50）。

発掘時の船体は基底部分をなす竜骨（キール）材が東西方向にのびており、竜骨の北側と南側に両舷の板材（外板《がいはん》）が残っていた（図51・52）。東側が海底の斜面上部、西側が斜面下部となり、東側から西側に向けて海底の深度が深くなる。竜骨には幅約五〇センチの木材を用いており、長さは約一二メートルまで確認できた。

船体全体を掘りだすことができないため、竜骨材と外板材との隙間に手を入れて、木組み状態をさぐったかぎりでは竜骨材の厚さも五〇センチ前後になると考えられる。竜骨の西端先端部分には別の竜骨木材と組み合わせるための「枘《ほぞ》」状の加工がみられる。一方、東側先端部分はフナクイムシに蚕食されて、原形をとどめていない。

竜骨の両側面には漆喰《しっくい》と思われる白灰色の塗料が塗られており、フナクイムシに蚕食された東側先端部では、さらに東側に向けて約一・五メートル先まで割れ落ちた漆喰が残っている。割れ落ちた漆喰部分までを加えると、竜骨の復元長は最短でも約一三・五メートルとなる。

竜骨に並行して横たわる外板材は、北側ではほぼ竜骨と接しているのに対して、南側では竜骨から約一メートル離れた位置にある。このため、船体は魚を開きにしたような状態で残っている。北側の外板材は竜骨から約一・二メートルの範囲までは密着した状態、そこからさらに外側に向けた一・五メートルの範囲ではまばらな状態となる。

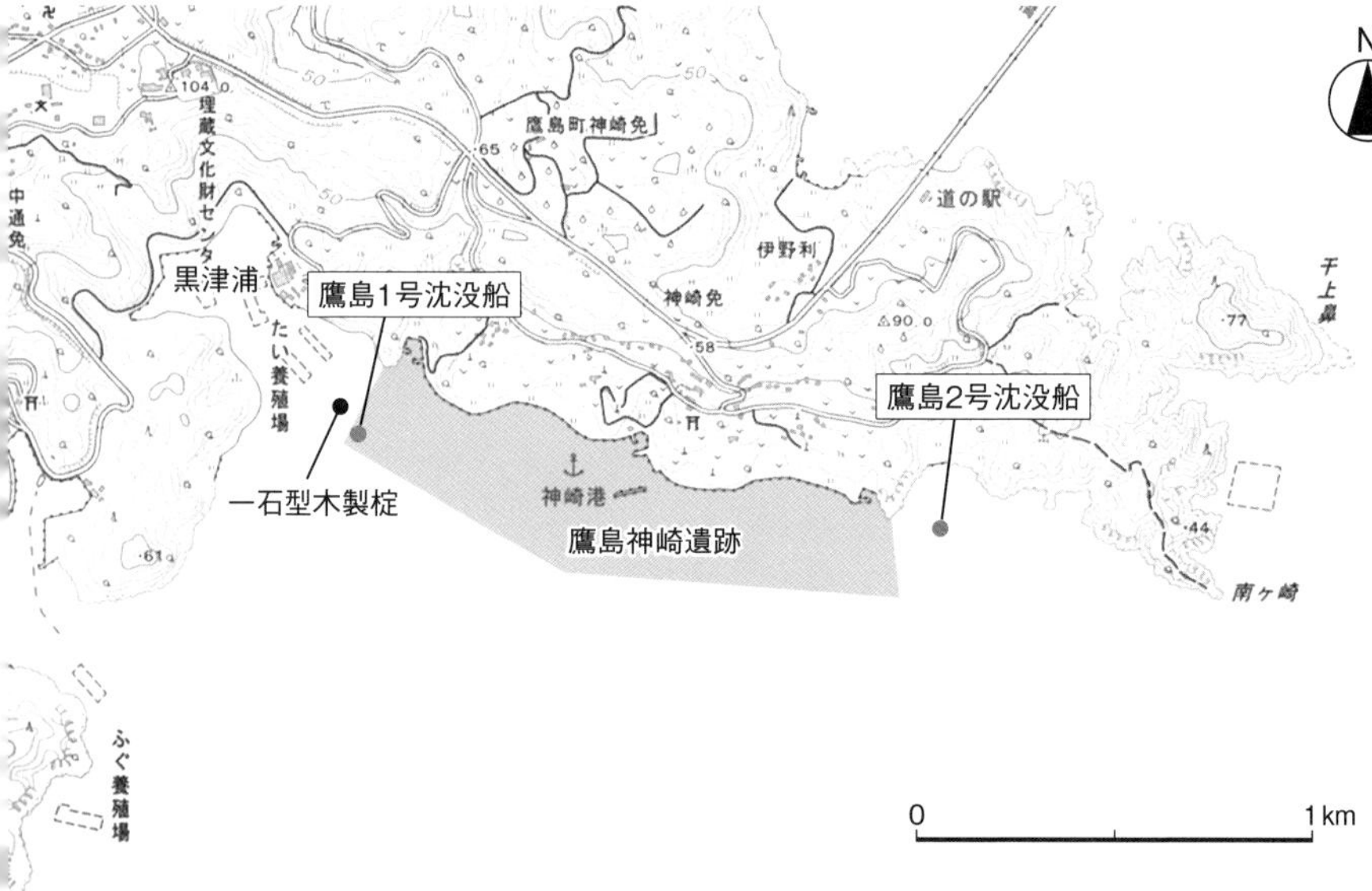

図50 ● 鷹島1・2号沈没船発見位置と国史跡「鷹島神崎遺跡」の範囲
鷹島1号沈没船は神崎港を中心とする鷹島神崎遺跡の範囲内に含まれている。

外板材は竜骨に近い側が厚く、竜骨から遠ざかるにしたがって少しずつ薄くなる。観察できた竜骨脇の外板材の幅は、北側で約三〇センチ、南側で約四五センチの部分がある。外板材の厚さは竜骨と接する部分では三〇センチを超す。竜骨から離れた北側の外板材の寸法は基本的に幅二〇〜三〇センチ、厚さ一〇〜一五センチである。

これに対して南側の外板材に用いた木材は竜骨と並行にならんだ状態で残っており、幅一五〜二五センチ、厚さ約一〇センチのものが多く、長さは一メートル程度から六メートルにおよぶものまである。

南側の外板材は竜骨から離れていることからすれば、船体が沈没する際に北側の外板材が海底面に着底し、その後、南側の外板材が海底面に倒れたことにより、竜骨北側と南側の外板材が竜骨をはさんで平たくならぶ状態となって、しだいに埋没したと推測される。

竜骨北側の外板材の上には竜骨や外板に対して直交する木材二〜三枚ずつが間隔を置いて配置されており、これらは船体内部を仕切る隔壁とこれに沿って用いられる支えの肋材《ろくざい》（添え木）と考えられる。隔壁および肋木の厚さはほぼ一〇センチ前後であるが、外板に接したごくわずかな部分が残存しているのみで、明確な構造の確認は難しい。竜骨北側の外板材のなかには隔壁材や肋材はなくなっているものの、小口《こぐち》部分を切りそろえたり、表面の色調が変化する部分があり、ここに隔壁を釘でとめた状態を観察できる。外板や隔壁、肋材に用いた木材の接合面には、竜骨の両側面と同様に漆喰を塗布した痕跡がいたるところに残っている。

また、竜骨材をみると隔壁が置かれた位置に一〇センチ×四センチほどの枘穴が認められる

図51 ● **鷹島1号沈没船の俯瞰写真**（町村剛撮影・作成）
中央の竜骨に沿って白い漆喰がみえ、右上に磚の集中部分がある。竜骨に並行する外板材に対して、直角方向に隔壁を設けた痕がみえる。

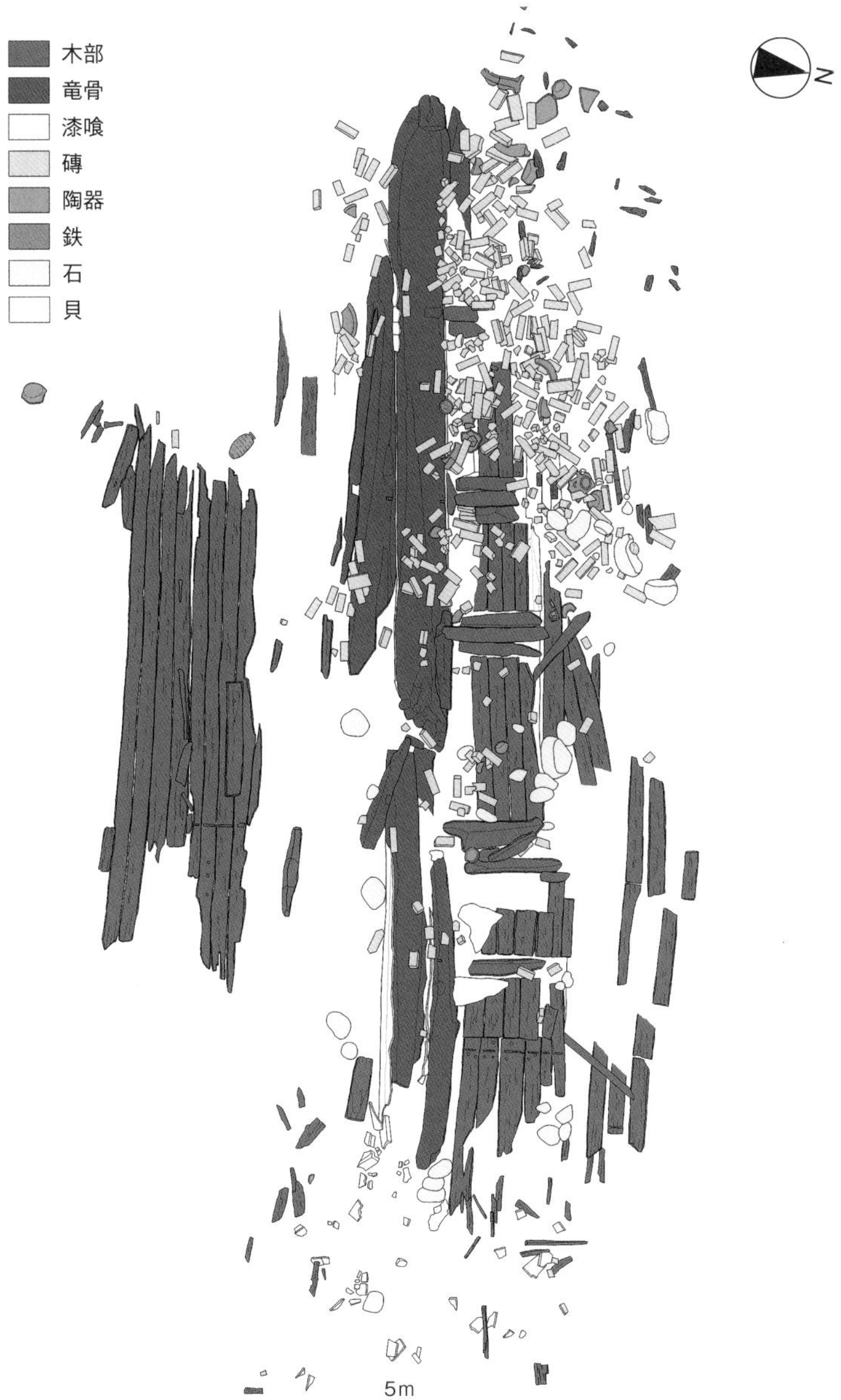

図52 ● 鷹島1号沈没船の実測図
中央の竜骨に沿って白い漆喰が残る。竜骨の左右に船底の外板があり、右側には竜骨や外板と直交する障壁材がみられる。

部分があり、隔壁材をとりつけるために加工していたと考えられる。これを含めて、残存する船体内部には、隔壁と思われる板材が残っている部分および隔壁を釘どめしていた痕が残る部分が六カ所確認できる。

元軍船の姿

鷹島一号沈没船は、鷹島海底遺跡において、船体構造を残した状態で発見されたはじめての元軍船である。そこで鷹島一号沈没船に類似する構造をもつ同時期の中国船発見例をさがしてみると、中国福建省泉州市の后渚港《ごしょこう》発見船（泉州船）や韓国全羅南道《チョラナムド》新安郡《シナングン》の新安海底遺跡出土船（新安船、**図54**）、現在調査中の中国広東省南海I号沈船などがあげられる（**図55**）。

これらの船は中国宋・元代の船舶であり、泉州船は中国南宋代、新安船は積荷の文字記録から一三二〇年代に、南海I号沈船は大量の積荷

図53 ● 鷹島1号沈没船実測作業の様子
海底での実測ではビニール素材のマイラー紙をプラスチック製画板に貼りつけ、鉛筆で書き込む。画面が白っぽいのは海底から巻きあがった泥土の濁りのせいである。

から一三世紀後半に沈没したと考えられている。いずれも船底中央に竜骨をすえ、竜骨と直交する仕切りのための隔壁材が複数存在する。また、隔壁材は竜骨から船体上部に向けて「V」字形に広げて配置し、外側から外板材を釘で打ちつけて船体を構築する。南海Ⅰ号沈船をのぞく二艘の船首部分は船底にすえた竜骨に船首の竜骨を組み込み、これに外板材を釘どめして、波切り効果をもたせた鋭角につくる。これに対して、船尾部分は「V」字形をなす船尾の外板材端部に横板を打ちつけて、やや斜めに立ち上がる平たい構造をもつ点に特徴がある。

泉州船および新安船、南海Ⅰ号沈船と鷹島一号沈没船は船体の基本構造がほとんど一緒であり、このことは一号沈没船が元軍船の一艘であったことを物語っている。そこで、再度、一号沈没船について確認すると、東西方

図54●韓国新安船の展示状況
韓国全羅南道木浦市にある国立海洋文化財研究所の展示室に復元展示されている。

向に横たわる竜骨の東側もしくは西側が船首あるいは船尾であったことになる。仮に竜骨西側先端部の枘について、船首竜骨材を組み込むための加工と理解すれば西側が船首となる。

また、新安船と泉州船では全長を復元する方法として、船底部分の竜骨の長さを基準とし、そのほぼ二倍を全長と推定している。これを参考にすれば、一号沈没船の場合、調査によって復元した竜骨長が一三・五メートルであることから、復元できる全長は二七メートル前後となる。ただし、竜骨の東端が欠損しているため、これはあくまでも推定値にすぎない。

このほかに竜骨の幅を参考にすれば、一号沈没船は泉州船の竜骨幅四二センチよりも広く、新安船の約七〇センチよりも狭い約五〇センチである。このことからすれば、鷹島一号沈没船は泉州船（全長約三〇メートル）と新安船（約三二メートル）の中間的な大きさであったと推測される。

図55 ● 中国南海Ⅰ号沈船を展示する海上絲綢之路博物館の遠景
海上絲綢之路博物館の中央の建物に巨大な水槽がつくられており、南海Ⅰ号沈船を入れたコンテナが収容され、そのなかで発掘調査が進められている。

2　鷹島二号沈没船

二号沈没船の発見

鷹島二号沈没船を発見した位置は国史跡「鷹島神崎遺跡」指定範囲の東脇に位置する（図50参照）。鷹島南海岸にはもともと海底に向かってのびる尾根筋にはさまれた谷間が多数形成されており、鷹島二号沈没船はその一つに埋もれていた（図56）。

海岸線からは約二〇〇メートル、水深一三〜一五メートルの位置にある。音波探査による海底堆積層内の異常な反応が南北方向にのびていたことから、南北方向を意識して調査したところ、船首を南側、船尾を北側に向けた状態の船体が確認された（図57）。

発見した船体の船首部分は外板材を船首竜骨に向けてせばめながら仕上げた構造が確認できる。しかし、船首の竜骨材は残っていない。船首から北側に向かってしだいに船体の幅が広がり、残存

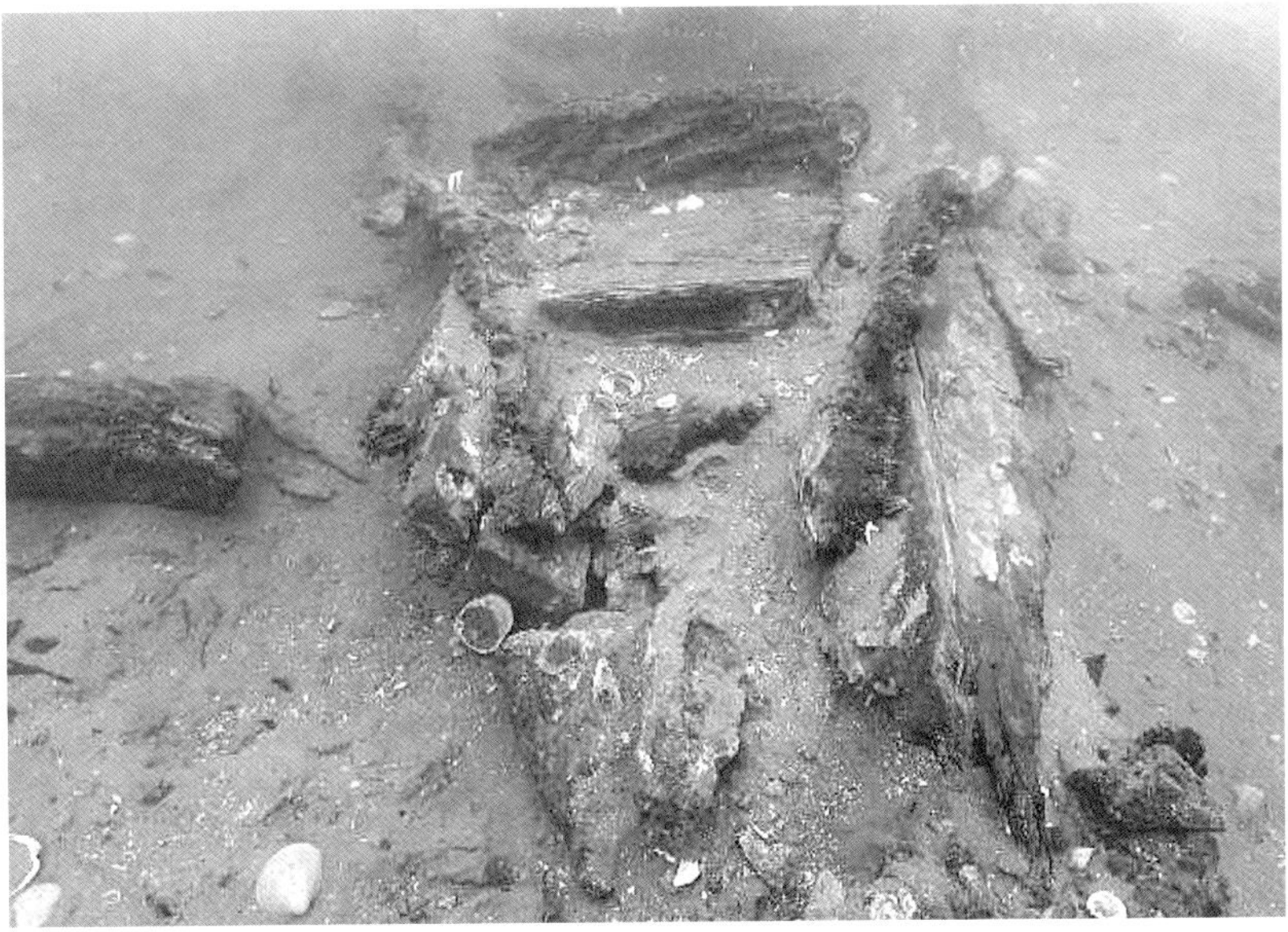

図56●鷹島2号沈没船発見時の様子
先端の船首竜骨はなかったものの、船首部分の構造がよく観察できる状態で発見された。

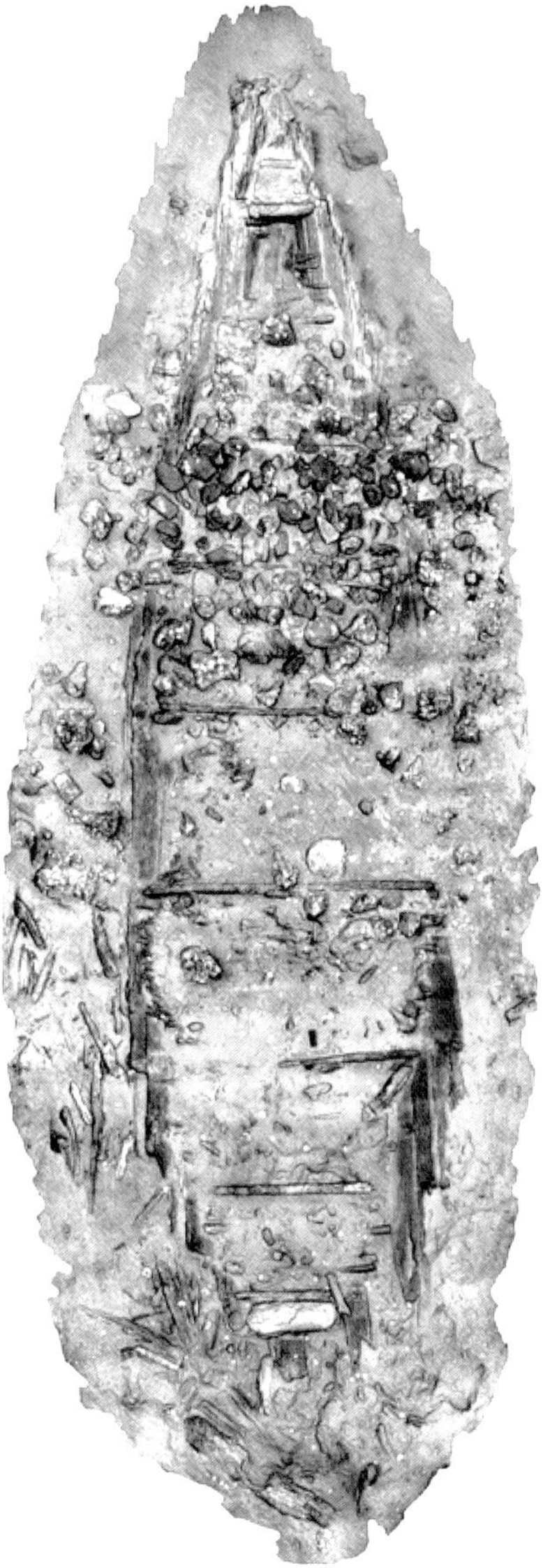

図57●**鷹島2号沈没船の俯瞰写真**（町村剛撮影・作成）
船首部分からしだいに船体が大きくなり、船尾にいたる構造がきわめて良好に残っている。船底から下半分（2～3m）の部分である。

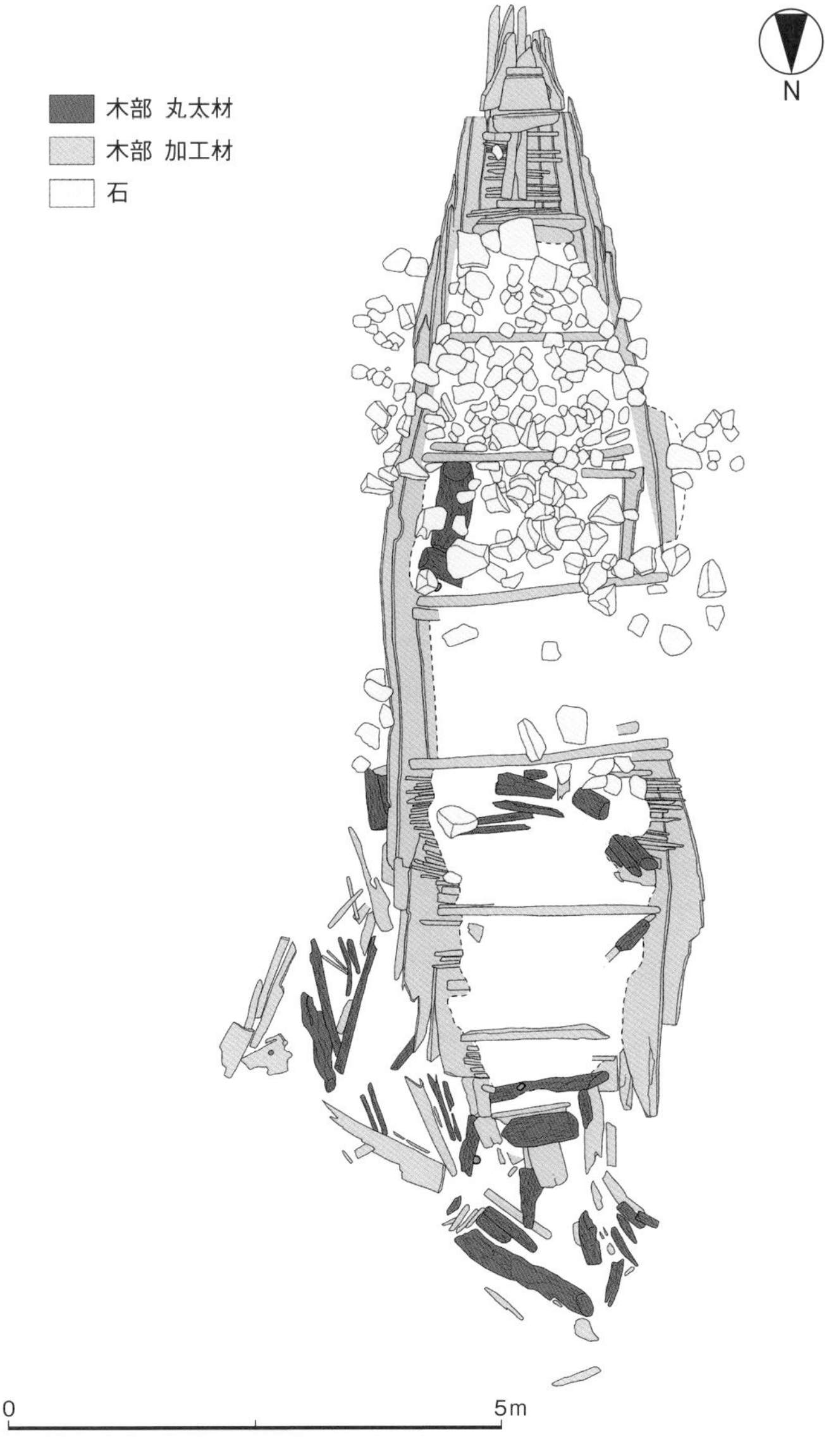

図58 ● 鷹島2号沈没船の実測図
水中で実測図を描く作業は船体の構造や残り具合を
観察する機会でもある。

する船首部材の先端から約五メートル北側では幅三・〇メートルとなる（図58）。

その後、船首部材の先端から九メートルの位置で最大幅の三・二メートルとなり、一〇メートルほどまでは残存部幅三メートルがつづく。そこからしだいにせばまり、先端から約一二メートルの位置まで船体の外板や隔壁などの木組み構造がよく残っている。

しかし、その北側では木材が多く検出されるものの、現況観察のかぎりでは船体のどの位置の部材となるのかも判然としない。これらの木材は南北方向を示している二号沈没船の残存部材の向きとは異なる方向でそろっているようにもみえることからすれば、二号沈没船の下に別の沈没船が存在する可能性も考えられる。

船体は右舷《うげん》、左舷《さげん》の外板材と船内を仕切る隔壁材が本来の構造を保った状態で残っている。隔壁は九カ所が確認でき、これによって仕切られた部屋（船艙《せんそう》）八区画が明瞭に確認される。船首部分を第一室とすれば、上記の八区画は船艙の第二室から第九室となる。また、構造が不明瞭となる船尾部分の部屋は第一〇室と仮称することができる。これにしたがえば、第六室の奥行が最大の一五〇センチとなる。第九室と第一〇室のあいだに設けられた隔壁の北側にはつぎの隔壁材がみあたらないことからすれば、第一〇室が船体最後方の一部屋と考えられる。

船艙の奥行が最大となる第六室の前に位置する第五、四、三室の船艙には、航海の際に船のバランスをとるために積んだバラスト材らしい大きさが二〇～六〇センチの不定形石材が満載されている。石材は船外まで広がっており、第三～五室の船艙内に置かれていたバラスト材が船体の倒壊にともなって、船外へこぼれ落ちたことが考えられる。

船艙を仕切る隔壁材は厚さ九～一五センチの板材を用い、船底部に向かって逆台形状に狭まる。船艙内に残る隔壁に使用した板材の枚数については、船内堆積土の掘り下げをおこなっていないため確認できていない。

隔壁材に打ちつけた外板材は厚さ約五センチ、幅約二〇～五〇センチの板材を用いている。ただし、外板材一枚一枚の形状を明確に観察できておらず、長さについては不明である。これまでの鷹島海底遺跡の発掘調査でみつかった一号沈没船を含む船材には、約三センチを単位とした厚さ四・五～一八センチのあいだの使い分けがみられていた。このことからすれば、鷹島二号沈没船ではこのなかの厚さ六センチに近い木材をおもに使用していることになる。

小型の二号沈没船

隔壁材と外板材の組み合わせ状態が良好に観察される二号沈没船の構造は一号沈没船と基本的に同じである。ただし、一号沈没船は竜骨材と外板が残っていたものの、隔壁材は外板材に接した一部が残るのみであり、船首、船尾の部材もほとんどがなくなっていた。これに対して二号沈没船では、隔壁および隔壁に打ちつけた外板材のなかの竜骨に近い部分が木組み構造をよく残した状態で残存している。

また、一号沈没船と二号沈没船では船体に用いた木材の厚さや隔壁間の奥行長に若干のちがいがあり、一号沈没船にくらべて二号沈没船がやや小型になる。このことは一号沈没船では竜骨の復元長が最短でも一三・五メートルと推定されているのに対して、二号沈没船の竜骨は調査で確認した船の全長一二メートルのうちに納まる可能性が高いことによっても納得できる。仮に二号沈没船の竜骨長を一〇メートルと仮定した場合、これにもとづく復元船の全長は二〇メートル前後となり、一号沈没船の復元全長である約二七メートルにくらべてかなり小型となる。これは二号沈没船と一号沈没船の具体的な用途や船舶としての機能、さらには造船地のちがいを示しているのかもしれない。

いずれにせよ、二号沈没船が発見されたことによって、一号沈没船との比較検討が可能となったことの意義は大きい。また、これによって中国泉州船や南海I号沈船、韓国新安船など、海外を含めた同時期の船舶調査例との比較検討が大きく展開することはいうまでもない。さらには、鷹島海底遺跡における今後の調査によって新たな沈没船の検出事例が増えれば、一号・二号沈没船とあわせた比較検討が進み、蒙古襲来に動員された船舶に関して得られるさまざまな情報も飛躍的に増加する。このことは、今後も鷹島海底遺跡における調査を積極的に進め、船体確認事例を増やすことが重要であることを明示している。

第６章　鷹島海底遺跡のこれから

1　直面する課題

元軍船の現地保存

鷹島海底遺跡では発掘調査をおこなった鷹島一号・鷹島二号沈没船のほかに、これから確認調査を実施したいと考えている音波探査反応地点を数カ所リストアップしている。しかし、現在のところ、新たな元軍船確認調査は自粛するとともに、一号・二号沈没船については引き揚げ作業が実施できるまでのあいだ、現地での保存を図っている状況にある。

鷹島海底遺跡の発掘調査は一九八〇年以降実施されてきたが、このあいだに出土した遺物はかなりの数量にのぼる。とくに二〇〇〇〜〇二年度の神崎港改修工事にともなう緊急発掘調査では膨大な数の遺物が出土しているが、その保存処理はほとんど調査終了後に持ち越された。引き揚げたものの、まだ未処理のままの遺物が多く残されているのである。こうした状況のなかでは、一号・二号沈没船を引き揚げても保存処理作業に着手することができないため、現地保存を図るほかなかったのである。

では、一号・二号沈没船の船体と遺物は、どのように現地保存しているのか。

前述したとおり、海底に船体を露出したままの状態で置くと、木材を好んで蚕食するフナクイムシが船体に用いられた木材にとりつき、数年のあいだに食いつくして船体は残らなくなる。つまり、船体の現地保存を図る手法が適切でないと、フナクイムシが侵入してしまい、とり返しのつかない結果を生じることになりかねない。

そこで、よりよい埋め戻し方法を検討するために、発掘調査後に沈没船を埋め戻して現地保存した類例をさがすと、北海道江差港の開陽丸や西オーストラリア州立海事博物館が発掘した沈没船の現地保存事例があった。

北海道江差港の開陽丸の場合は、発掘した船体を特製の銅網でおおい、その上にシートを敷く方法が採用されている。これは銅網が海水中で塩分と反応して銅イオンが発生し、船体木材を蚕食するフナクイムシを寄せつけない効果があるという実験結果にもとづいて採用された開

図59●海底での船体埋め戻しのために準備した銅網
径0.5mmの銅線を用いた幅91cm、一巻き30mの銅網を適当な長さに切って船体をおおうのに使用する。

陽丸独自の手法である。開陽丸の現地保存でこの手法を採用する際の調査を主導したのは荒木伸介氏であった。そこで、鷹島一号沈没船の埋め戻しでも荒木氏の指導を受けながら船体を銅網（図59）でおおい、その上を砂嚢《さのう》袋で押さえる手法で埋め戻しをおこなったのである。

一方、西オーストラリア州立海事博物館が採用している方法は、船体全体を砂で埋め戻し、その上をシートで完全におおうという手法であった。船体を埋め戻す砂の層は五〇センチ以上必要で、これは埋め戻した後の船体周辺にフナクイムシが生存できる条件となる新たな酸素が供給されないようにするために必要な厚さであるという。西オーストラリア州立海事博物館が採用している埋め戻し方法については、二〇一五年度に実施した鷹島二号沈没船の埋め戻し作業の参考とし、船体の周囲を砂嚢袋で五〇センチ以上おおい、その上にシートを被せて再び砂嚢袋で全体をおおう手法を試みた（図60）。

一号沈没船と二号沈没船で埋め戻し手法を変えたのは、どちらの手法が海底での船体現地保存に有効であるかを確認するためである。なお、現地保存作業後の経年変化を観察するため、沈没船の周辺に酸素濃度計、照度計、

図60●海底での船体埋め戻しのために準備した砂嚢袋
陸上で用いる土嚢袋に約20kgの砂を入れて砂嚢袋をつくり、海底での埋め戻しに用いている。

水温計、潮流計などを設置して継続的なモニタリング調査を実施している。このモニタリングの結果、それぞれの手法は一定の有効性をもつが、ともにフナクイムシの侵入を中心とする船体木材の劣化を完全には防止できない可能性が高いこと、またこれを防ぐためにはやはり船体を砂で五〇センチ以上埋め戻し、その上を酸素不透過シートでおおう手法がもっとも妥当性をもつことが明らかとなった。

そこで現在は、埋め戻し手法の変更（図61）をおこなっている。新たな埋め戻し手法は、船体残存範囲の周囲を砂嚢袋を積んだ土手でとりかこみ、その内部を砂で五〇センチ以上埋め戻した上を酸素不透過シートを用いて二重におおい、さらに砂嚢袋で押さえるのである。なお、一号・二号沈没船を埋め戻した砂のなかには酸素濃度計などの観測機器を設置し、砂中に新たな酸素の供給がないことを継続的にモニタリング調査することも試みている（図62）。

引き揚げ遺物の保存処理

神崎港改修工事にともなう緊急発掘調査で出土した遺物のなかで保存処理作業が必要な遺物は、船体木材をはじめとして刀剣・冑・胡籙などに入ったままの矢束・釘などの鉄製品、金具・銅銭などの

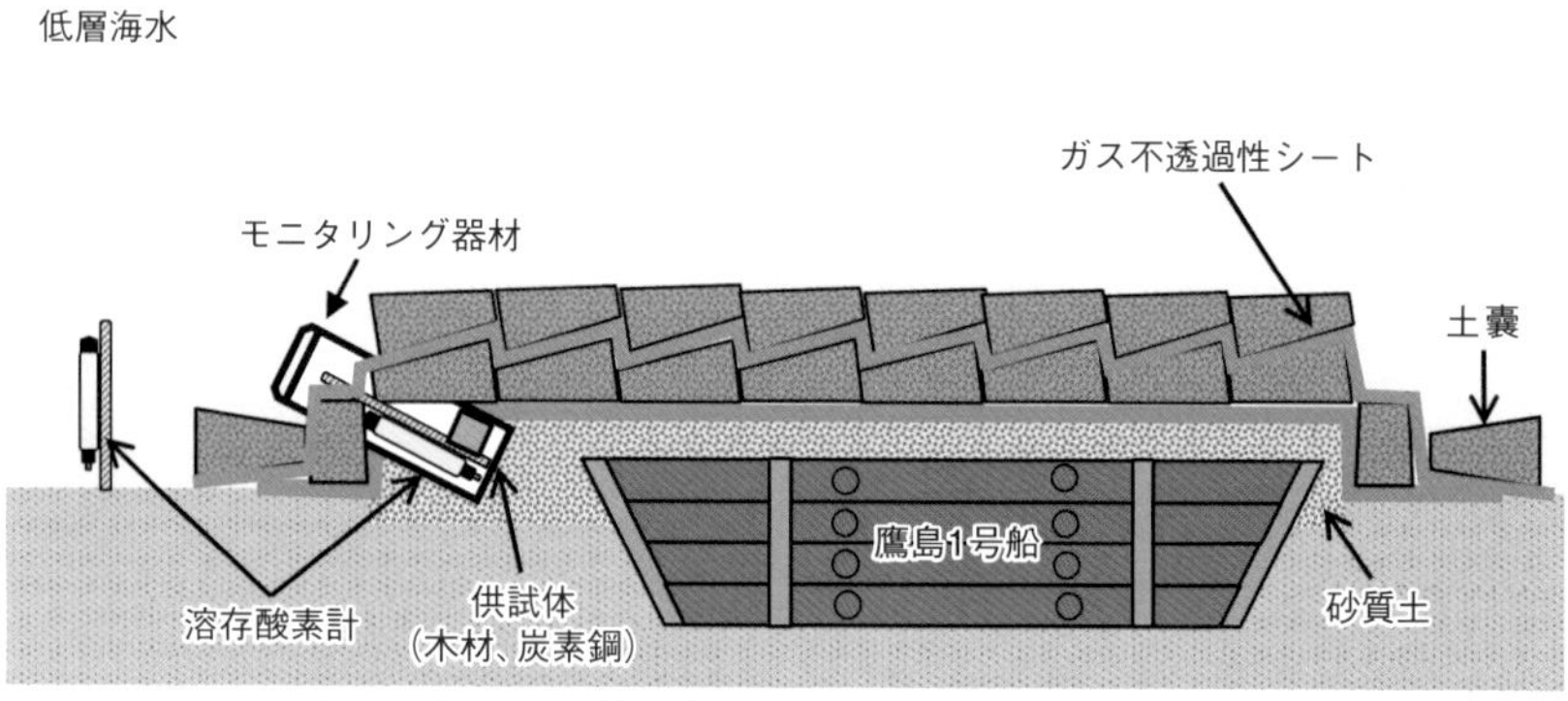

図61 ● 埋め戻し手法の模式図（作成：柳田明進奈良文化財研究所研究員）
船体を篩砂（ふるいすな）で埋め戻し、その上を酸素不透過性シートで二重におおい密封する。

青銅製品、漆塗りの甲小札・椀・櫛などの漆製品、仏像・櫛などの木製品、竹索など多種多様である。

このなかでもっとも問題となるのは、大量に出土した大型木材を含む船体部材や木材片である。木材を保存処理する場合、これまでは洗浄と脱塩作業をおこなった後、ポリエチレン・グリコール（ＰＥＧ）溶液に漬け込み、木材中の水分とＰＥＧを置換させ、その後に乾燥させる含浸保存処理が一般的であった。しかし、ＰＥＧは無毒の高分子化合物であるが、木材中の水分と置換させるためには溶液の温度を六〇度程度に保つ必要があるうえに処理時間が長期化すること、さらには含浸途中あるいは含浸終了後の乾燥過程中に木材の捻れや反りが起こる問題が指摘されてきた。

実際に鷹島海底遺跡の出土遺物では、一九九四・九五年度の神崎港防波堤建設にともなう緊急発掘調査の際に引き揚げた大型木製椗を含む八本の木製椗をＰＥＧで保存処理したが、小型木製椗では木材の捻れや反りが生じている。また、大型木製椗ではＰＥＧの含浸がなかなか進まず一〇年以上も要したため、最終的には真空凍結乾燥法（フリー

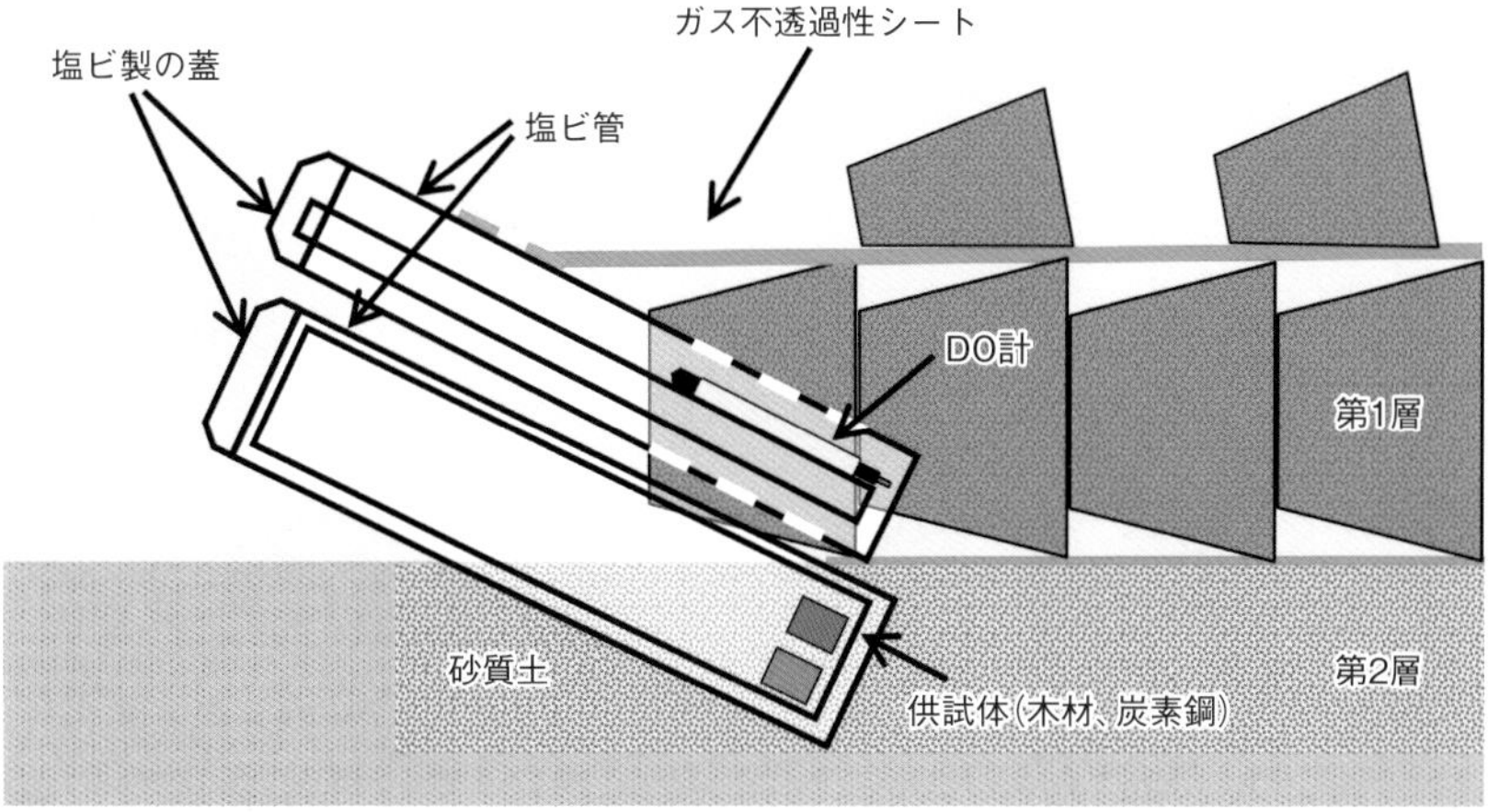

図62 ● 埋め戻し後のモニタリング手法の模式図（作成：柳田明進奈良文化財研究所研究員）
船体を埋め戻した篩砂のなかに供試体を置いて変化を観察する。一重目と二重目の酸素不透過シートのあいだに溶存酸素濃度計を置き、酸素濃度の変化を観測する。

ズドライ）に切り替えることとなった。

この経験と反省に立ち、二〇一八年度からはＰＥＧに替えて、糖類の一種であるトレハロースを用いて保存処理をおこなう実験を進めている。トレハロースはライ麦から発見された自然界に存在する糖類で、日本の民間企業が人工的に製造する手法を開発し、砂糖に替わる甘味料として広く流通している。

熱や酸に対する安定性が高いことに注目した今津節生奈良大学教授らによって、木材の保存処理に試用することが提言され、同氏の提案にもとづいて鷹島海底遺跡からの出土木材についてもトレハロースによる保存処理実験（図63）をはじめることにした。これまでの経過観察からすれば、トレハロースによる保存処理では木材の捻れや反りが起こることはほとんどなく、また鉄釘の錆成分による変化も認められていない。

金属製品の保存処理

このほかの遺物のなかで、刀剣・冑・胡簶などに入っ

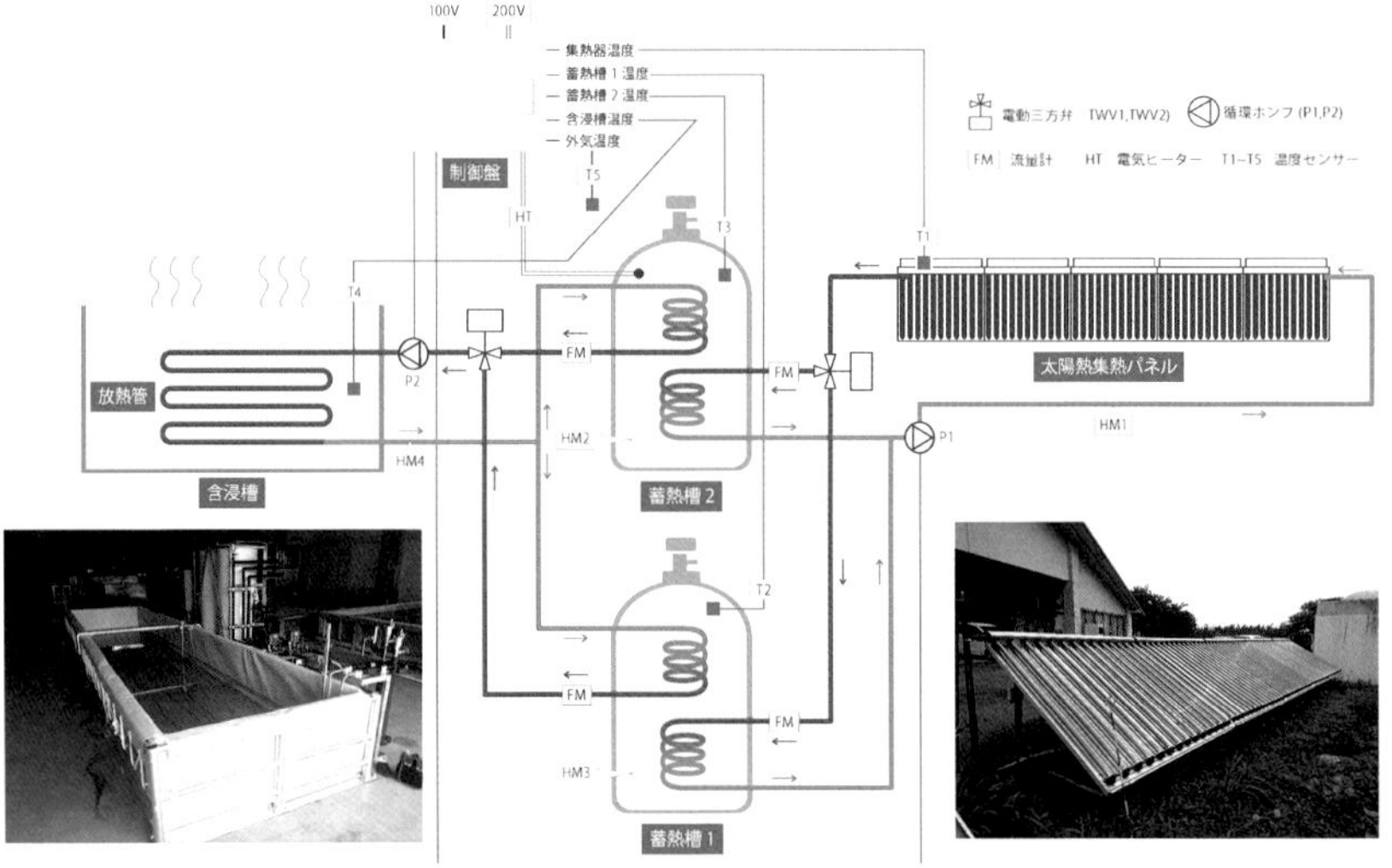

図63 ● 太陽熱集積保存処理システム（作成：伊藤幸司大阪文化財研究所保存科学室長）
円筒形のタンクが蓄熱槽、手前の水槽が処理槽、太陽熱集積装置は野外に設置してある。

たままの矢束・釘などの鉄製品は基本的に鉄の部分は残っておらず、錆が海底に埋もれていた周辺の砂泥をとり込んで固まった状態でとり上げられていたことは前述した。これらの遺物には磁石を近づけても引き寄せられるような反応をまったく示さない。

このため、これらの鉄製品については脱塩処理後、アクリル樹脂を用いて強化処理する手法を施してきた。ただし、矢束については鉄鏃の茎部分が木質の矢柄のなかに挿入された状態で束になっていたことから、当初は脱塩後、糖アルコールによる保存処理を施した。しかし、現在ではトレハロースを用いた保存処理作業へと変更しつつある。

また、帯金具・銅銭などの青銅製品は、やはり脱塩処理をおこなった後で、銅の防錆剤《ぼうせいざい》であるベンゾトリアゾールを塗って安定化を図り、その後でアクリル樹脂で強化処理をおこなう。漆塗りの鎧小札・椀・櫛などの漆製品は、脱塩処理の後、糖アルコール法やアルコール・キシレン樹脂を塗布する手法で保存処理がなされている。仏像・櫛などの木製品は脱塩処理後、糖アルコールによる保存処理、竹索などの編綱などは、やはり脱塩処理後、高級アルコールによる保存処理を施している。

松浦市では保存処理を担当する職員を配置するとともに、九州国立博物館の博物館科学課や長崎県埋蔵文化財センターの指導、協力を得ながら、さまざまな素材からなる鷹島海底遺跡出土遺物の保存処理に自前でとり組む体制を整えてきた。今後、国内外における海底遺跡出土遺物の保存処理について有益な情報を提供できる日の到来が待たれるところである。

2　元軍船の引き揚げは

これまでの調査研究によって、鷹島海底遺跡は二度目の蒙古襲来（弘安の役）の際、暴風雨によって遭難した元軍船と元軍兵、そして積み荷の多くが海底に没したことを裏づける遺跡であることが明らかである。確認調査をおこなった鷹島一号・鷹島二号沈没船はいずれも鷹島南海岸の沖合二〇〇メートルほどの位置に埋もれていたが、二艘の発見は考古学的調査をおこなう際のさまざまな条件を、音波探査装置の導入をはじめとする他研究分野との連携によって乗り越え、調査海域を絞り込んだ結果、到達したことを忘れてはならない。

というのは、伊万里湾は国際交易港である伊万里港への航路が複数設けられていることや、穏やかな内海の環境を利用したフグやタイ、マグロなどの養殖が盛んなことで知られる。当然、内海を利用した漁業も盛んで、ゴチ網を用いたエビ漁やタコ壺によるタコ漁などもおこなわれている。このため、伊万里湾には漁業権とともに養殖筏を設置する海域や航路海域が指定されており、調査はこの指定海域を避けて計画する必要がある。とくに養殖筏の設置海域周辺で海底の掘削をともなう発掘調査をおこなう場合、海底の泥土中に棲息する繊毛虫《せんもうちゅう》が海水中に巻き上がり、生簀《いけす》内の養殖魚のエラに寄生して死亡させることがあるため、養殖筏の周辺での海底発掘調査はできるかぎり避けなければならない。

また、水中での考古学的調査は潜水することが前提となるが、潜水の際には、前述したように潜水病への対策から水深が増すほどに潜水時間は短くなるという原則がある。

このような条件を考えると、伊万里湾での元軍船をはじめとする蒙古襲来実態解明のための調査は、できるかぎり水深二〇メートルよりも浅く、まわりに船舶の航路や漁船の漁場、そして養殖生簀がない海域を選ばなければならない。しかし、伊万里湾の約三分の二は水深二〇メートルを超えており、最深部は五六メートルある。さらに水深二〇メートル前後の海域は養殖筏の設置場所に適しており、多くの養殖生簀が設置されていることから、潜水調査ができる海域は相当に限られるのである。

このことをふまえると、これまでに確認調査をおこなったうえで現地保存を図っている一号・二号沈没船はきわめ厳しい条件のなかで確認することができた稀有な事例であることが明らかである。

ただし、弘安の役に準備された元軍船と元軍兵は高麗から進発した東路軍が九〇〇艘で約四万人、中国揚子江下流域から進発した江南軍が三五〇〇艘で約一〇万人とされている。このなかで東路軍は二、三割、江南軍は七、八割の軍船が帰還しなかったとされていることからすれば、伊万里湾では少なくとも三〇〇〇艘近い軍船が遭難し、沈没した可能性がある。それに対して、鷹島海底遺跡における発見例はきわめて少ない状況にある。

図64 ● 鷹島1号沈没船調査現場からみた黒津浦
鷹島南海岸のもっとも奥まった位置にある黒津浦では、
鷹島1号沈没船や大型木製碇が発見されている。

また、文献史料によれば、弘安の役に先立つ文永の役の際に高麗から徴用された九〇〇艘の軍船の内訳は、千料船（大船）、抜都魯軽疾船（小型高速船）、汲水小舟（貨物用小型船）各三〇〇艘であった。当然、弘安の役の際の東路軍もこれに準じた軍船を準備したと考えられ、江南軍もそれに近い船団編成であったと推測される。

これに対し、鷹島海底遺跡で確認した元軍船はいまのところ二艘にとどまっており、その構造は前述したとおり中国江南地域の外洋船である。文永の役のために準備された船舶の分類にあてはめれば千料船に相当すると推測されるが、二艘のみの段階ではなんとも判断しがたい。やはり、蒙古襲来の実態解明のためにはさまざまな条件があるなかでも、鷹島海底遺跡の調査を継続し、元軍船の調査事例を増やしていくことが必要なのである。

また、できることなら一号・二号沈没船については近い将来に引き揚げることが望ましい。それはこれまでの調査では船体を確認する手法の開発を第一の目的、ついで船体の残存状況と海底での分布状況の確認を第二の目的としてきた。この二つの目的を達成したことから、確認調査後は現地海底での保存を図ったが、埋め戻しの前には船体の構造や船内に残されていた積み荷の一部を観察したにとどまっている。このため、竜骨（キール）を含めた船体構造や積み荷の詳細な分析のためには、やはり船内に残る遺物をとりあげたうえで、船体の内部を細かく観察した後、引き揚げて船体を外側から観察することを含めた検証が欠かせないことはいうまでもない。この作業をおこなうことによって、すでに引き揚げられて展示されている中国泉州船や韓国新安船、中国南海Ⅰ号沈船との比較も可能となり、これをふまえた一三、一四世紀代の中国における船舶建造技術と船体構造に関する研究の進展に大きく寄与するのである。

さらに、これまでの鷹島海底遺跡における調査では沈没船の部材の一部やさまざまな遺物についての引き揚げと保存処理経験を蓄積してきた。しかし、本格的な沈没船の引き揚げは未経験である。したがって一号・二号沈没船の引き揚げとその後の保存処理をおこなうことは、日本におけるはじめての海底からの沈没船引き揚げ経験となる。

すなわち一号・二号沈没船の双方、あるいはどちらかを引き揚げることは、その過程で沈没船引き揚げに関するさまざまな技術が開発されるとともに、その後の保存処理を含めた経験は日本の水中考古学研究にとってかけがえのない実践例となる。今後、鷹島海底遺跡における一号・二号沈没船の引き揚げとその後の保存処理に着手することは、日本で培ったさまざまな水中考古学と出土遺物に関する技術や手法の確立を導くとともに、これを世界にむけて発信することにつながるのである。

図65●元軍船の推定復元模型
船舶史研究者である安達裕之東京大学名誉教授によって元軍船の復元がおこなわれた。

参考文献（本文中に掲げた文献と報告書を除く）

小松茂美編『蒙古襲来絵詞』日本絵巻大成一四　中央公論社　一九七八年
朝日新聞社『七〇〇年のロマン　海から甦る元寇』一九八一年
小江慶雄『水中考古学入門』ＮＨＫブックス四二一　一九八二年
江差町教育委員会『開陽丸　海底遺跡の発掘調査報告書Ⅰ』一九八二年
荒木伸介『水中考古学』考古学ライブラリー三五　ニュー・サイエンス社　一九八五年
文化庁『遺跡保存方法の検討─水中遺跡─』二〇〇〇年
井上たかひこ『水中考古学のＡＢＣ』成山堂　二〇一二年
「特集　水中考古学─元寇船最新研究の成果─」『月刊考古学ジャーナル』No.六四一　ニュー・サイエンス社　二〇一三年
「特集　水中考古学の現状と課題─日本・韓国・中国・東南アジアの水中遺跡─」『季刊　考古学』一二三号　雄山閣　二〇一三年
文化庁・水中遺跡調査検討委員会『水中遺跡保護の在り方について』（報告）二〇一七年
佐藤信編『水中遺跡の歴史学』山川出版社　二〇一八年
木村淳・小野林太郎・丸山真史編著『海洋考古学入門─方法と実践─』東海大学出版部　二〇一八年
池田榮史『海底に眠る蒙古襲来─水中考古学の挑戦─』歴史文化ライブラリー四七八　吉川弘文館　二〇一八年
「特集　水中考古学の現状と課題」『月刊考古学ジャーナル』No.七三五　ニュー・サイエンス社　二〇二〇年

●**写真提供（所蔵）**
宮内庁三の丸尚蔵館：図４・７／松浦市教育委員会：図９・11・12・14～21・26・28～33・41～49・65／九州国立博物館：図42ＣＴスキャン画像

●**図版出典（一部改変）**
図８：国土地理院５万分１地形図「平戸・唐津」／図10・50：国土地理院２万５千分１地形図「鷹島・高串・志佐・今福」／図22：『鷹島海底遺跡』1992／図23・24・40：『松浦市鷹島海底遺跡総集編』2011／図25：『鷹島海底遺跡Ⅴ』2001／図27：『鷹島海底遺跡Ⅲ』1996／図51・57：町村剛撮影・作成／図61・62：柳田明進奈良文化財研究所研究員作成／図63：伊藤幸司大阪市文化財協会保存科学室長作成
上記以外は著者

史跡 鷹島神崎遺跡

・長崎県松浦市鷹島町神崎免地先
・２０１２年3月27日指定
三八四〇七三・六一平方メートル
・交通　鷹島肥前大橋から神崎港まで車で約５分
国史跡鷹島神崎遺跡は、鷹島海底遺跡の一部に含まれており、蒙古襲来に関わる遺跡である。遺跡内から出土するさまざまな遺物は、従来、文献・絵画によってしか知られていなかった蒙古襲来の様相を明らかにしている。

神崎港と史跡鷹島神崎遺跡の案内板

松浦市埋蔵文化財センター

・松浦市鷹島町神崎免１４６番地
・電話　０９５５（48）２０９８
・開館時間　９：00～17：00
・休館日　月曜日（月曜日が休日の場合は翌日以降の休日でない日）、年末年始（12月29日～1月３日）
・入館料　一般・大学生３１０円、小中高校生１５０円
・交通　昭和バス「唐津大手口」発の有浦線で「入野」着、鷹島線に乗り換え「病院前」下車、徒歩５分
鷹島海底遺跡から出土した遺物で保存処理が終了した遺物を中心に展示公開している。とくに竹崎季長の活躍を描かせた『蒙古襲来絵詞』に登場する「てつはう」や元軍船の大型木製椗は世界でもたいへん貴重な遺物である。

鷹島神崎遺跡展望所

・松浦市鷹島町神崎免３４８番地１
・松浦市埋蔵文化財センターに隣接

展望所と展望所からみた鷹島神崎遺跡

遺跡には感動がある

――シリーズ「遺跡を学ぶ」刊行にあたって――


「遺跡には感動がある」。これが本企画のキーワードです。

あらためていうまでもなく、専門の研究者にとっては遺跡の発掘こそ考古学の基礎をなす基本的な手段です。また、はじめて考古学を学ぶ若い学生や一般の人びとにとって「遺跡は教室」です。

日本考古学では、もうかなり長期間にわたって、発掘・発見ブームが続いています。そして、毎年厖大な数の発掘調査報告書が、主として開発のための事前発掘を担当する埋蔵文化財行政機関や地方自治体などによって刊行されています。そこには専門研究者でさえ完全には把握できないほどの情報や記録が満ちあふれています。しかし、その遺跡の発掘によってどんな学問的成果が得られたのか、その遺跡やそこから出た文化財が古い時代の歴史を知るためにいかなる意義をもつのかなどといった点を、莫大な記述・記録の中から読みとることははなはだ困難です。ましてや、考古学に関心をもつ一般の社会人にとっては、刊行部数が少なく、数があっても高価なその報告書を手にすることすら、ほとんど困難といってよい状況です。

いま日本考古学は過多ともいえる資料と情報量の中で、考古学とはどんな学問か、また遺跡の発掘から何を求め、何を明らかにすべきかといった「哲学」と「指針」が必要な時期にいたっていると認識します。

本企画は「遺跡には感動がある」をキーワードとして、発掘の原点から考古学の本質を問い続ける試みとして、日本考古学が存続する限り、永く継続すべき企画と決意しています。いまや、考古学にすべての人びとの感動を引きつけることが、日本考古学の存立基盤を固めるために、欠かせない努力目標の一つです。必ずや研究者のみならず、多くの市民の共感をいただけるものと信じて疑いません。

二〇〇四年一月

戸沢充則

著者紹介

中田敦之（なかた・あつゆき）
1956年、長崎県松浦市生まれ。
別府大学文学部史学科卒業。
松浦市教育委員会文化財課長を経て、
現在、松浦市立水中考古学研究センター所長。
主な著作　『写真アルバム　佐世保・北松浦郡の昭和』（共著、樹林舎、2013年）、『平戸・西海学　長崎県北の歴史と文化』（共著、桜蘭舎、2011年）、『図説　佐世保・平戸・松浦・北松の歴史』（共著、郷土出版社、2010年）、『ふるさと歴史読本　海と交流　わたしたちのふるさと』（共著、伊万里・北松地域広域市町村圏組合、1996年）、『角川日本地名大辞典42　長崎県』（共著、角川書店、1987年）ほか。

池田榮史（いけだ・よしふみ）
1955年、熊本県天草市生まれ。
國學院大學大学院文学研究科日本史学専攻（考古学系）博士課程前期修了。
琉球大学国際地域創造学部（地域文化科学プログラム）教授を経て、
現在、國學院大學研究開発推進機構教授。
主な著作　『沖縄戦の発掘　沖縄陸軍病院南風原壕群』（シリーズ「遺跡を学ぶ」137、新泉社、2019年）、『海底に眠る蒙古襲来―水中考古学の挑戦―』（歴史文化ライブラリー478、吉川弘文館、2018年）、『ぶらりあるき沖縄・奄美の博物館』（共著、芙蓉書房出版、2014年）、『東アジアの周縁世界』（共編、同成社、2009年）、『古代中世の境界領域―キカイガシマの世界―』（編、高志書院、2008年）ほか。

シリーズ「遺跡を学ぶ」150
元軍船《げんぐんせん》の発見　鷹島《たかしま》海底遺跡

2021年 4月 15日　第1版第1刷発行

著　者＝中田敦之・池田榮史
発　行＝新 泉 社
東京都文京区湯島1－2－5　聖堂前ビル
TEL 03（5296）9620 ／ FAX 03（5296）9621
印刷／三秀舎　製本／榎本製本

ISBN978-4-7877-2040-5　C1021